KB119985

자기합리화의 힘

나를 위한 최소한의 권리——

자기합리화의 힘

이승민 지음 ——

위즈덤하우스

선을 넘는 상처로부터
나를 지켜낼 권리,
자기합리화

봄의 한때. 당신은 한가롭게 공원을 산책하고 있다. 세상과 하나가 된 듯 평온하고 상쾌하다. 향기 가득한 화단 가까이로 다가가 꽃을 바라본다. 갑자기 숨어 있던 벌 한 마리가 달려든다. 당신은 눈을 질끈 감고 "엄마야!" 소리 지르며 몸을 움츠린다. 가만히 있어야 할지 도망을 쳐야 할지 판단도 되지 않는다. '벌은 도망치는 사람을 계속 쫓는다고 하던데, 이런 경우에는 어떻게 해야 하지?' 벌에게 쏘이고 싶지는 않다. 아플 게 빤하니까.

우리 몸은 위험으로부터 자신을 보호하기 위해 다양한 방어를 한다. 벌에게 쏘이지 않기 위해 몸을 움츠리고 눈을 질끈 감

4

는 것은 의식적인 명령에 의해 이루어지는 행동이 아니다. 몸이 스스로를 보호하기 위해 자동적으로 반응하는 것이다. 우리 몸은 애초부터 그렇게 설계되었고, 지금도 무의식적인 보호는 계속되고 있다. 위험으로부터 도망치고, 좋은 것으로는 더 다가가려 한다. 아프면 쉬고 싶고 피곤하면 자고 싶다. 몸을 보호하기 위한 우리의 무의식적인 노력이다.

자기보호의 본능은 비단 몸에만 국한되지 않는다. 마음 또한 같은 작용을 하는 것을 우리는 수시로 확인할 수 있다. 삶이 지속되는 한 스트레스도 지속될 수밖에는 없는데, 스트레스에 여과 없이 노출되기만 한다면 어떤 결과를 초래할지는 뻔하지 않겠는가. 고민과 자책, 자기비난과 미움, 화로부터 벗어나기 위해 우리는 항상 의식적·무의식적인 노력을 하고 있다. 몸을 보호하는 것보다 마음을 보호하기 위한 방어막이 더 자주 발생하는 것은 자명하다. 크든 작든 마음을 다치게 하는 일들에 너무나 자주 노출되기 때문이다. 벌이 쫓아오거나 개가 위협적으로 짖는 경우는 흔치 않지만, 타인에게 마음을 다치거나 나 스스로 실망하게 되는 일들은 너무나 자주 일어난다.

일처리가 부실하다고 나를 비난하는 상사, 반찬이 보잘것없다고 투정부리는 남편, 뜻대로 따라주지 않는 자녀들, 왠지 오늘 나를 보는 시선이 삐딱한 동료와 친구들… 심지어 길거리에서 스쳐가는 사람들도 나를 힐끗거리는 것 같다. '옷차림이 잘못되었나? 화장이 이상한가?' 스트레스투성이다. 하지만 이런 생각에 사로잡혀 있으면 더 불안하고 우울해질 뿐이다. 직장 일도 해야 하고 가정도 돌보아야 한다. 나를 보호하는 일들은 내가 아니면 누가 하겠는가. 내 기대와 욕구대로 움직여주는 사람은 없다. 내 입맛대로 타인의 태도를 수정하기란 아마도 불가능한 미션일 것이다.

이런 연유로 우리의 마음은 몸과 마찬가지로 마음을 보호하기 위해 구동을 멈추지 않는다. 일반적으로 상처를 피하기 위한 마음의 구동은 자동적으로 이루어지는 경우가 많다. 마음이 상처를 입는 상황에서 순간적으로 발휘되는 구동 방식은 아주 오래전부터 선호해온 방식일 가능성이 높고, 이러한 방식들은 나이를 먹을수록 더욱 강해지고, 세련되어진다. 재미있는 것은 정작 내가 선호하는 방어막에 대해서 스스로 알기 어렵다는 것이다. 남들이 지적하면 그제야 "내가 그래?" 반응할 가능성이 높다.

사람들이 자신을 보호하기 위해 가장 흔히 사용하는 방어막 중 하나가 자기합리화이다. 합리화라는 단어조차 낯선 어린 시절에는 합리화가 흔하게 나타나지 않지만, 나이를 먹을수록 보다 정교하고 그럴듯한 합리화를 구사하게 된다. 말을 배우고 언어가 늘면, 누가 가르쳐주지 않더라도 합리화를 시작하게 된다.

육하원칙, 인과관계 등의 지식들이 자연스럽게 합리화에 동원된다. 벌을 보며 움츠리는 무조건반사처럼, 우리도 위기의 순간에는 나도 모르게 스스로를 합리화하며 방어한다. 언어적 능력을 가진 사람이라는 존재가 가장 쉽고 편하게 사용할 수 있는 방어가 바로 자기합리화일 것이다.

하지만 자기합리화를 바라보는 사람들의 시선은 곱지 않다. 자기합리화야말로 자기발전을 위해서 가장 먼저 피해야 할 기제라고 생각한다. 사람들은 합리화가 스스로의 성찰을 방해하고 현실을 교묘하게 피해가게 만든다고 여긴다. 자기반성을 동반하지 않는다고도 여긴다. 또한 자기합리화를 하는 사람들은 잘못된 행동을 수정하지 않고 현실에 안주할 것이라 생각한다.

하지만 자기합리화를 둘러싼 두꺼운 고정관념을 한 꺼풀 벗겨내면 이내 새로운 면을 만나게 된다. 우리가 성장하기 위해서는 필연적으로 관계를 형성하며 지내야 한다. 성장을 거듭할수록 더 많은 사람들에 둘러싸이게 되며, 해결해야 할 많은 일들 속에 놓이게 된다. 이 모든 것들이 스트레스와 우울, 불안을 만드는 요소다. 해결해야 할 스트레스는 점점 많아지기 때문에 나를 지켜야 할 상황들도 더욱 늘어나게 될 것이다. 이러한 스트레스와 고통 속에서, 순간순간 나를 지켜내기 위해 어떠한 노력을 해 나가야 할까. 모든 것은 마음먹기에 달렸다고 한다. 이 고통과 스트레스를 곧이곧대로 받아들이지 않으려는 노력, 스트레스를 스트레스로 인정하지 않으려는 노력은 복잡한 현실을 견디게 하는 필수적인 덕목이 된다. 우리의 몸과 마음은 우리 스스로 보호해야 한다. 부모에게 물려받은 몸과 마음은, 다른 누구도 아닌 나 스스로 지켜내야 하는 것이다. 이것은 나의 권리이자 의무이다. 언제나 내 주변을 어슬렁거리면서 호시탐탐 나를 노리는 불안과 우울에 순전히 나를 내어줄 수는 없는 일이다. 우리는 스스로를 지켜내야 한다.

이제 자기합리화는 더 이상 나약하고 유약한 변명이나 게으름의 수단이 아니다. 나를 지켜내기 위한 수단이고 방편이다. 친구인 줄로만 알았던 사람이 어느 순간 사랑의 대상이 되기도 한다. 너무 가까이에 있어서 눈에 들어오지 않았던, 그저 껄렁하기만 하던 그 친구가 어느 날 멋진 이성으로 느껴질 수도 있다. 고정된 이미지에서 벗어나 새로운 시선에서 바라볼 때, 합리화는 그 무엇도 대체하지 못하는 나만의 갑옷이 될 수 있다. 합리화에 별다른 기술이나 공부가 필요한 것도 아니다. 조금 다른 각도에서 비틀어서 바라볼 때, 계륵이었던 무언가가 어느 날 새로운 위안이 될지 모른다. 우울이 항상 나쁜 것만은 아니듯, 때로는 그 무엇보다 효과적으로 나를 지켜주는 것이 자기합리화가 될 수도 있다.

〈은하철도 999〉의 주제가를 부른 가수 김국환에게는 〈타타타〉라는 노래가 있다. 그 노래에는 "산다는 건 좋은 거지 / 수지 맞는 장사잖소 / 알몸으로 태어나서 / 옷 한 벌은 건졌잖소"라는 가사가 있다. 어릴 적 이 노래를 들었을 때의 느낌이 잊히지 않는다. 노래가 좋고 나쁘고를 떠나서, '이렇게 생각할 수도 있구나' 하는 깨달음을 얻은 느낌이랄까. 이런 생각을 가슴 한편에 품고 인생을 살아갈 수만 있다면 우울과 불안이 세상 어디에 있을까. 정말이지 가슴 한구석을 때리는 자기합리화가 아니고 무엇이겠는가. 어떤 위기와 고통의 순간에도 이러한 멋진 합리화를 사용할 수 있어야 한다.

우리 주변의 환경과 상황은 쉽사리 바뀌지 않는다. 이직도 이별도 쉬운 일이 아니다. 환경을 바꿀 수 없다면, 우리가 환경에 맞춰 진화해야 한다. 마치 나무색으로 변하는 카멜레온처럼 환경을 바꿀 수는 없지만, 나를 바꿀 수는 있다. 더 정확히는 나의 생각, 세상을 향한 태도를 바꿀 수는 있다. 그 변화의 도구가 바로 올바른 자기합리화이다.

이제 더는 상처와 아픔에 조건 없이 나를 내던지지 말자. 내 마음을 위한 든든한 갑옷 하나를 마련해보자. 합리화라는 이름의 방패를.

chapter 1
오직 나를 위한 마음의 변호

chapter 3
상처받지 않는 것들의 비밀, 자기합리화

오직 나를 위한
마음의 변호

마음에도
방패가 필요하다

공격으로부터 강해지기 위한
심리 작용

신재는 고민거리가 있으면 일단 묻어두고 보는 스타일이다. 오래 생각해봐야 결론이 나오는 것도 아닌데 머리 아프게 고민할 필요가 있냐는 철학을 갖고 있다. 이 때문에 당장 해결해야 할 문제를 무시하다가 나중에 더 큰 문제를 처리하느라 골치 아팠던 경험이 한두 번이 아니다.

영이도 문제를 외면하는 성향이긴 마찬가지다. 문제가 생기면 일단 부정하고 본다. "그럴 리 없어", "그런 게 아니야"는 영이가 가장 많이 사용하는 말이다. 타인이 하는 행동의 목적이 분명해 보이는데도, 그럴 리 없다면서 부인하려 한다. 얼마 전에는 배가 아파서 병원에 갔는데 의사가 큰 이상이 없다고 하자 그럴 리 없다고 화를 내며 다른 병원을 찾아간 적도 있다. 물론 돌아오는 진단은 같았다.

그것이 외면이든 부정이든, 자신을 보호하기 위해 작용하는 심리 작용을 우리는 '방어기제'라고 부른다. 방어기제란 말 그대로 자신을 외부 공격으로부터 보호하는 기술을 말하는데, 마음을 방어하기 위한 기술은 사람마다 제각각이고 선호하는 방식도 다양하다. 방어기제는 대부분 무의식적으로 작용하기 때문에 자신이 어떠한 방어기제를 선택하는지 알아차리기가 어렵다. 아무래도 나와 잘 맞는, 오랫동안 사용해온 방식들을 선호하기 마련인데, 대체로 부모를 포함한 가족들이 사용하던 방식을 '물려받는다.' 성장 과정에서 경험한 바를 자연스럽게 흡수하는 것이다. 이러한 경우에도 방어기제라고 생각하기보다는 기껏해야 '엄마와 나는 비슷한 면이 좀 있어' 생각하기가 쉽다.

무슨 일에든 버럭 화부터 내는 엄마 밑에서 자라난 아이가 엄마처럼 사소한 일에도 버럭 화를 내는 어른으로 성장했다면, 단순히 기질 때문이라고 생각할 수 있을까? '엄마나 나나 버럭 하는 성격이야. 우리는 닮았어' 하며 치부해버리기 쉽지만, 문제를 해결하는 방식은 부모를 비롯한 가까운 사람들로부터 '학습' 하기 쉽다는 점을 감안할 때 이는 기질만의 문제라고 보기 어렵다. 앞으로 수많은 인생의 문제들을 해결해가야 하는데, 이런 기술을 어디서 배울 수 있을 것인가. 아마도 가장 가까운 사람들의 방식을 습득하는 것이 가장 편하고 효율적일 것이다. 이러한 관점에서 방어기제는 '습득되어온, 학습되어온' 것에 가깝다.

술로 스트레스를 풀고 가족에게 윽박지르는 아버지 밑에서 성장한 자녀는, '난 절대 그렇게 되지 말아야지' 다짐하면서도 부지불식간에 아버지와 마찬가지로 알코올의 늪에 빠진다. 우울한 엄마 밑에서 우울한 딸이 자란다. 물론 다 그런 것은 아니지만 가능성은 훨씬 높아진다. 우린 가까운 사람들이 문제를 해결하고, 스스로를 지키는 방식을 보면서 자라간다. 학습은 경험의 힘을 따라갈 수 없다. 교과서보다는 현장학습이 더 큰 영향을 미친다. 원하든 원하지 않든 우리는 부모를 닮으며 자라간다. 때로는 의지보다도 환경의 영향이 훨씬 크다.

좋은 관계 맺음의
기본

방어기제가 학습되는 측면이 있다고 해도, 누군가의 방식을 무조건적으로 복제하는 방식을 띠지는 않는다. 방어기제는 진화한다. 활용을 거듭하다 보면 더 세련되어지고, 정교하게 다듬어진다. 효과가 없다고 여겨지는 방어기제는 과감히 버려지고, 새로운 방식들을 추구하게 된다. 항상 욱하던 친구가 사회생활을 하다 보니 자신의 방식에 단점이 너무나 많은 것을 알게 되어 화가 나도 참아보기로 했다고 치자. 어떤 일이 생겨도 속으로 꾹 참고 인내하자, 상대방에게 비난받거나 지적받는 것보다는 낫게 느껴진다. 욱하는 방어기제가 인내하는 방어기제로 대체된 것이다. 환경의 압박으로, 스스로의 필요성으로, 큰 손해를 보고 난 후의 상황 때문에, 우리는 새로운 기제들을 찾아 나서게 된다. 처음에는 낯설지만 익숙해지기 위해 노력하게 되고, 나중에는 의식하지 않아도 써먹을 수 있는 수준으로 발전하게 된다. 성숙한 사람이 된다는 것은, 어찌 보면 더 성숙한 방어기제를 써먹을 수 있게 되었다는 이야기와 일맥상통한다. 성격을 바꾸려 노력한다는 것은, 다른 방어기제를 쓰기 위해 노력한다는 말과 같다. 은연중에 우리는 우리 자신의 방어기제를 어느 정도 이해하고 있고, 맘에 드는 부분은 유지하며 맘에 들지 않는 부분은 바꾸려 노력한다. 사회에 적응하기 위해서, 아니면 스스로의 모습이 너무나 맘에 들지 않아서.

우리는 어떤 상황에서 어떤 방어기제를 사용하고 있을까. 자신의 방어기제를 탐구해보는 일도 예상 외로 재미있는 일이다.

각자가 상황에 따라 사용하는 방어기제에 대해 탐구하고 대화해보는 것도 건설적인 시간이 될 수 있다. 사실 스스로의 방어기제를 좀 알 필요도 있다. 최근 심리학에 대한 관심들이 늘면서 많은 사람들이 자신의 성격적 요소, 캐릭터를 궁금해하기 시작했다. 굳이 우울증, 불안증이 없어도 스스로를 알기 위해 병원이나 상담센터의 문을 두드리는 사람들이 많다. 많은 심리검사 기술이나 척도도 마련되어 있다. 방어기제는 성격을 이루는 주요한 축이다. 그러므로 자신이 문제해결을 주로 어떠한 방식으로 하는지, 나를 지키기 위해서 어떤 기술을 사용하는지를 알게 되는 것은 스스로를 이해하는 데 가장 주요한 문제다.

타인의 방어기제에 대한 이해는 상대방의 행동을 예측하는 데도 좋은 자원이 될 수 있다. '저 사람은 저런 상황에서 이렇게 행동할 거야' 예측할 수 있다면 불필요한 화나 부정적인 감정을 예방하는 데 도움이 될 것이다. 또한 상대방에게 생길 수 있는 오해나 화를 막아줄 수도 있다. '왜 저런 사소한 문제로 화를 내지?'가 아니라 '저 사람은 원래 저렇게 사소한 문제에 화를 잘 내지' 이해하게 된다. 그러므로 부부나 가족, 가까운 사람들의 방어기제를 이해하는 것은 좋은 관계 맺기의 기본이 될 수 있을 것이다.

그럼에도 불구하고 방어기제의 병적인 남용, 오용 등은 환자로 하여금 병원을 찾게 하는 주요 요인이 될 수 있다. 또한 정신 분석, 정신치료, 상담 등의 현장은 개개인의 방어기제를 이해하고 파악하기 위한 생생한 현장이다. 대인관계의 갈등 또한 방어기제의 몰이해와 충돌로 인해 야기되는 것은 자명한 일이다.

프로이트가 최초로 제시한 방어기제에 대한 개념은 그의 딸인 안나 프로이트가 좀 더 명확하게 정립했다. 방어기제를 알기 위한 많은 방법들이 있는데 국내에서는 이화방어기제검사 (Ewha Defense Mechanisms Test: EDMT) 등의 검사들이 유용하게 사용되고 있다.

어떻게 방어하느냐가
성격을 결정한다

심리적 방어기제의
다양한 종류

           친절하게도 안나 프로이트는
여러 가지 방어기제에 적합한 명칭을 부여해 개념화했다. 덕분에
우리는 '억제', '동일시' 등의 간단한 단어로 사람들이 취하는 자
기방어의 형식을 정확하게 명명할 수 있게 되었다. 방어기제의
종류는 정신건강의학과 교과서에 소개된 것만 해도 대략 20가지
가 넘을 정도로 다양하다. 그중 우리가 대표적으로 사용하는 방
어기제의 종류와 그 예를 살펴보기로 한다. 이러한 예들은 너무

나 흔히 우리 주변에서 볼 수 있는 것들이라 몇 가지 경우만 살펴보아도 방어기제를 이해하는 데 많은 도움이 될 것이다.

부정(denial)

가장 흔하게 사용되는 방어기제 중 하나이다. 의식적으로 도저히 받아들이기 힘든 생각, 욕구, 현실 등을 의식에서 몰아내려 하는 무의식적인 태도이다. 불치병에 걸린 환자의 5단계 반응 중 가장 먼저 나타나는 방어기제이며 "그럴 리 없어", "의사의 오진인 게 분명해" 등과 같이 현실을 믿지 않는 태도를 보이는 것이다. 충격적인 일을 경험한 후 대부분 처음으로 보이는 반응이다.

분리(splitting)

중간이 없는 사람들, 전형적인 흑백논리의 사고에서 벗어나지 못하는 사람들이 주로 사용하는 반응이다. 정신과학적으로 잘 알려진 '경계성 인격장애'를 가진 사람들은 주로 이렇게 극단적인 선악, 극단적인 흑백논리를 가지고 대인관계를 맺는 경우가 많다. "내 주변의 사람들은 천사 아니면 악마", "너는 사랑스럽지만 걔는 증오스러워" 하며 양극단으로 관계를 정의한다. 마치 조증 환자처럼 지나치게 공손했다가 쉽게 무례하고 오만

해지는 태도를 보이기도 한다.

투사(projection)

받아들일 수 없는 자기 자신의 허물이나 잘못을 남 탓으로 돌리는 경우를 말한다. 역시 매우 흔히 볼 수 있는 방어기제의 한 종류이다. 정신병 환자들이 보이는 피해망상이나 관계망상도 이러한 종류의 하나이다. 많은 대립과 싸움에서 우리는 흔하게 문제가 상대방의 탓이라 여기며 상대를 비난한다. 자신의 허물을 남 탓으로 돌림으로 해서 스스로 느낄 법한 자책감이나 무가치감, 낮은 자존감에서 벗어날 수 있다.

동일시(identification)

아이는 크면서 아빠 혹은 엄마의 여러 가지 모습들을 닮아 가는데, 이는 의식적으로 부모의 행동을 본뜨려고 한다기보다는 부모와 자연스럽게 동일시되는 현상으로 이해할 수 있다. 알코올중독 아버지를 혐오하는 아들이 성장 후 자신도 모르게 알코올 의존이 되어가는 것도 넓게 보면 동일시의 한 종류다. 동일시의 방어기제는 긍정적인 방향뿐 아니라 부정적인 방향으로도 작용하게 된다.

신체화(somatization)

심한 갈등과 스트레스 상황에서 이유 없는 신체의 통증이나 불편감을 느끼는 사람들이 많이 있다. 검사상 큰 이상이 없는데도 그렇다. 꾀병이 아닌 실제 신체적 불편감을 호소한다. 내과나 가정의학과를 찾는 환자들 중 상당 부분이 정신건강 쪽의 문제를 가지고 있는 것과 같은 맥락이다. 스트레스로 인한 우울과 불안 등의 정서적인 문제들은 흔히 신체적 증상을 일으키게 된다. 흔하게는 두통, 위장장애, 근육통 등이 잘 생기며 애매모호한 신체적 증상이 동반되는 경우도 흔하다.

퇴행(regression)

걷고 뛰고 말하고 대소변 가리기에 별다른 문제가 없던 건강한 아이가 동생이 태어난 후 소변을 싸거나 걷지 않고 기어 다니려 하는 증상을 보이는 경우가 있다. 밥을 잘 먹는 아이인데도 엄마가 동생에게 젖을 물리려 하면 같이 안겨서 다른 쪽 젖을 물려고 하기도 한다. 자신에 대한 엄마의 사랑과 관심이 적어지거나 사라지는 것을 두려워하는 아이의 전형적인 퇴행적 방어기제가 작용하는 경우이다. 아이뿐 아니라 성인에게서도 이러한 퇴행은 자주 발견된다.

억압(repression)

프로이트가 가장 관심을 보였던 방어기제 중 하나이며 대표적 방어기제 중 하나이다. 의식적으로 받아들이기 힘든 것들을 무의식 속에 계속 눌러두어 의식의 수준으로 튀어나오게 하지 않으려 하는 기전이다. 폭언, 폭력, 왕따 등으로 불우한 유년시절을 보낸 사람들 중 흔히 면담 시에 유년시절이 기억이 나지 않는다는 호소를 하는 경우가 많이 있다. 큰 사고나 인명피해의 기억을 못하는 경우도 마찬가지이다. 상처가 되거나 나를 힘들게 할 기억들을 억누르려는 무의식적 노력이다.

반동 형성(reaction formation)

맘에 드는 사람에게 더 매몰차게 대하는 것, 싫은 사람에게 더욱 웃으며 상냥한 모습을 보이는 태도를 일컫는다. 받아들여질 수 없는 자신의 욕구와 정반대의 행동을 함으로써 갈등을 해결하는 방식이다. 한창 시절에 폭력이나 음주, 많은 문제적 행동을 일삼던 사람이 어느 날 박애주의적 종교인이 되어 나타나는 경우도 이와 같은 사례라 할 수 있다.

취소(undoing)

병 주고 약 주는 경우가 이런 것이라 할 수 있다. 어떤 부정적 욕구나 가해를 상대방에게 한 후 그것을 되돌려놓거나 속죄하기 위한 행동을 일컫는다. '내가 이렇게 보상할 테니 아까 일은 없던 걸로 하자'는 무의식적 욕구의 표현일 수 있다. 가해 행동뿐 아니라 적대적 마음이나 감정 등 드러나지 않은 내면의 부정적 감정으로 인해서도 취소의 방어기전이 생겨날 수 있다.

전치(displacement)

적대적인 감정이나 행동을 상대방이 아닌 제3자에게 표현하는 경우를 일컫는다. 심한 부부갈등이 있는 아빠와 엄마가 서로에게 화를 표출하지 못하고, 오히려 애꿎은 아이에게 욱하고 화내는 모습을 떠올리면 되겠다. 또한 상대를 특정한 누군가인 것처럼 대하는 경우도 해당한다. 아버지에 대한 강한 분노가 있는 여자 환자가 애꿎은 남자 정신과 의사에게 공공연히 투덜거리고 화를 내는 경우가 전치에 해당한다.

해리(dissociation)

받아들일 수 없는 성격의 일부가 마치 독립적인 성격의 하나로 작용하는 경우를 일컫는다. '지킬 박사와 하이드'를 떠올리면 이해가 쉬울 테다. 다중 인격장애라 일컫는 질환도 이러한 해리 방어기제의 강한 작용으로 발생할 수 있다.

지식화(intellectualization)

경험하고 싶지 않은 강한 감정을 분리시키려 애쓰는 행위들이 지식화에 해당한다. 힘들었던 과거 기억을 마치 남의 일인 양 무덤덤하게 이야기하는 모습들이 지식화의 좋은 예이다.

이타주의(altruism)

다른 사람을 돕는 것으로 자신의 욕구 실현을 대신하는 행동을 일컫는다. 박애주의적인 성향과 기부 활동 등도 넓게는 이러한 범주에 포함된다.

금욕주의(asceticism)

모든 기본적 쾌감을 뒤로하고 금욕을 통하여 즐거움과 만족을 얻으려 하는 모습을 말한다. 종교인의 고행수련 같은 것들을 생각하면 이해가 쉬울 것이다.

유머(humor)

부정적인 감정이나 공격적인 충동이 있을 때 오히려 상황과 반대되는 유머 구사를 통해 충동을 억제하고 상황을 모면하는 모습을 말한다. 성숙한 방어기제를 대표하는 기제 중 하나이다.

승화(sublimation)

본능적이고 사회적으로 용인되지 않는 욕구들을 사회적으로 용인 가능한 것들로 대체시켜 충족하는 경우를 말한다. 공격적 본능을 가진 사람이 외과의사가 된다든지, 폭력적 성향을 가진 사람이 권투선수나 격투선수가 되는 것도 승화의 한 예로 볼 수 있다.

억제(suppression)

헤어진 여자친구 생각이 자꾸만 나는 것을 스스로 억누르려 노력하는 경우가 억제의 예가 된다. 억압은 무의식적으로 벌어지는 마음의 현상이지만 억제는 이와 달리 스스로의 감정이나 생각을 억누르려고 하는 의식적인 노력이다.

이렇게 수많은 마음의 방식들이 우리를 일상의 갈등에서 보호하기 위해 작동하고 있다. 소개된 것들 외에도 다양한 방어기제들이 존재한다. 이러한 방어기제의 구성이 결국 나라는 사람을 설명하는 것이다. 한 사람으로서 각자 성숙해온 길은 방어기제가 변화해온 여정으로 설명될 수 있을 것이다. '어떠한' 방어의 기술을 '주로 어떠한 상황에서' '얼마나' 사용하는지를 평가하는 것이 그 사람을 이해하는 좋은 길이 될 수 있다.

병적인 자기애와
성숙의 사이에서

하버드 의과대학 교수인 조지 베일런트George Vaillant는 '방어기제는 성숙한다'는 명제를 바탕으로 방어기제를 분류하는 작업을 했다. 베일런트에 따르면, 자아의 성숙이라는 것은 결국 성숙한 방어기제를 사용하게 되는 것을 일컫는 것이다. 반면 자기애적이고 미성숙한 방어를 과다하게 사용하는 사람은 우울이나 불안과 같은 정신병리를 가질 가능성이 높다는 얘기가 된다. 방어기제의 위계질서를 마련해 놓음으로써 대부분의 사람들이 보다 높은 단계의 방어기제를 추구하고자 하는 욕구를 자연스럽게 가지도록 만들어놓았다. 또한 더 나은, 더 성숙한 방어기제가 더 나은 삶을 영위하는 도구가 될 수 있음을 설명하였다. 따라서 우리 모두가 더 성숙한 방어기제를 가지도록 노력해야 함을 상기시켰다.

- 자기애적 방어(병리적 방어): 부정, 분리, 투사, 투사적 동일시 등
- 미성숙 방어: 행동화, 동일화, 신체화, 퇴행 등
- 신경증적 방어: 억압, 반동형성, 격리, 취소, 전치, 상징화, 해리, 지식화 등
- 성숙한 방어: 이타주의, 금욕주의, 유머, 승화 등

베일런트가 만들어놓은 방어기제의 성숙도에 따르면, 부정이나 투사를 흔히 사용하는 사람은 미성숙한 사람에 해당하고 전치나 상징화를 많이 사용하는 사람은 신경증적인 인물이 되고 만다. 또한 스트레스 때문에 자주 몸이 아픈 사람은 신체화라는 미성숙한 방어기제를 많이 사용하는 사람이라는 말이 된다. 방어기제의 정의에서 보면 우리가 힘든 상황에 처할 때 이타주의나 금욕주의, 유머를 많이 사용할수록 성숙한 사람이 될 수 있는 것으로 보인다. 배가 고파도 나보다는 남에게 먼저 주고, 돈벌이나 성적 욕망 같은 통속적인 욕구들은 입에 올리지도 말 것이며, 항상 유머 있게 남을 대해야 비로소 우리는 성숙한 사람이 될 수 있는 것이다. 성숙해지기가 이렇게 쉽지 않다.

벌 때문에 움츠리는 것이
내 잘못이 아니듯

성숙한 방어란
없다

성숙도에 따른 방어기제의 분류는, 더 높은 곳을 향하여 끊임없이 오르기를 강요하는 피라미드의 계단처럼 여겨진다. 누구라도 미성숙하고, 자기애적인 방어를 사용한다는 소리는 듣고 싶지 않을 것이다. 위기의 순간이 닥칠 때마다 나를 방어했던 방패가 사실 알고 보니 매우 미성숙한 것이었다고, 그러니 이런 방법을 쓰지 말고 저런 방법을 쓰는 것이 좋을 것이라는 이야기를 듣고 좋아할 사람은 별로 없을 것이다. 그런데 생각해볼 것은, 과거로부터 이어진 방어의 분류를 엄격히 따르는 것이 옳은가 하는 것이다. 구시대의 유물이라고까지 생각할 필요는 없겠지만 내가 어떠한 방어법을 사용한다고 해서 미성숙하다거나 자기애적인 인물로 폄하될 이유가 있는가 생각해볼 필요는 있을 것이다.

만약 불치의 병에 걸리거나, 가까운 친구의 사고 소식을 들었을 때 누구라도 처음에는 그러한 사실 자체를 부정하려 할 것이다. "그럴 리 없어", "네가 잘못 안 것이 분명해"라면서 사실 자체를 받아들이지 않으려 한다. 이러한 부정을 가지고 병리적이거나 미성숙하다 치부할 수는 없는 일이다. 받아들이기 어려운 충격적인 상황을 두고 행해지는 부정은 너무나 자연스러운 것이기 때문이다. 어떤 사람일지라도 자신에게 나쁜 영향을 미칠 소식을 최초로 접한 시점에서는 그러한 사실을 부정하고, 듣지 않으려 할 것이다. "그만해, 듣기 싫어!" 외치면서 이불 속으로 파묻혀 들어가 귀를 막고 현실에서 벗어나려 하는 사람의 행동을 누가 비난할 수 있겠는가. 오히려 "이해가 돼. 그런 상황이면 나도 그럴 거야"라고 위로하며 측은지심을 가질 가능성이 더 높지 않겠는가. 인간의 죽음에 대한 연구에 일생을 바쳤던 퀴블러 로스Elisabeth Kubler-Ross의 사망 5단계에서도 자신의 죽음을 접하는 사람이 가장 먼저 보이는 반응은 부정이라 하지 않았던가. 부정이란 정상적인 사람이 보일 수 있는 보편적인 반응으로 보는 것이 맞다는 것이다.

이런 시선으로 바라본다면 부정뿐 아니라 다른 방어기제도 같은 논리를 적용할 수 있을 것이다. 투사를 살펴보자. 내가 잘 되면 내 탓이요, 잘 되지 못하면 남 탓이라고 비난하는 것은 사실 우리 주변에서 흔하게 관찰할 수 있는 풍경이다. 내 주변을 둘러봐도 이런 패턴을 보이는 사람들은 셀 수 없이 많다. 대개는 이러한 성향의 사람들을 두고 '성숙하지 못한 사람', '더 배워야 할 사람'이라고 말한다. 네가 잘 되지 못하는 것은 너의 허물 탓이니 열심히 노력하고 배워서 더 나은 사람이 되어야 한다고 이야기한다. 물론 자신의 실패를 남 탓으로만 돌리는 것은 옳지 않다. 자기 발전의 기회도, 더 나은 사람이 될 수 있는 기회도 없다. 하지만 실패를 처음 접한 바로 그 순간에 "이건 내 탓이 아니야. 그 사람 탓이야. 모두 열악한 환경 탓이야" 하고 스스로 상처 입는 것을 보호하는 행위를 과연 병적이라고 볼 수 있을까.

'모든 것이 나 때문이야. 나의 문제야' 생각하면서 화살촉이 나에게 향하는 것을 감내하는 것이 과연 건강한 태도인 것인가. 실패를 성공의 반면교사로 삼아 더 열심히 자신을 채찍질하기 위해서는 본인의 잘못을 인정하는 것이 중요하겠지마는, 적어도 위기의 그 순간에는 자신을 방어하는 것이 더 자연스러운 모습

벌에게 쏘이지 않기 위해 몸을 움츠리고 눈을 질끈 감는 것이
비겁하거나 구차한 행위가 아닌 것처럼,
방어기제는 나약한 변명이나 그릇된 행동이 아니다.
스스로를 보호하기 위해 설계된 무의식적인 방패이자 보호막이다.

일 수 있다. 성숙한지 성숙하지 않은지는 중요한 문제가 아니다. 일단은 나 스스로를 먼저 지키는 것이 필요할 뿐. 자신의 잘못을 인정하지 않고 이러한 투사만을 계속적으로 고집한다면 그것은 미성숙하고 병적인 모습일 수 있다. 하지만 놀라서 눈을 깜박이고 움츠러드는 것은 벌이 내 눈앞에 날아오는 순간 잠깐뿐이다. 벌이 저 멀리 날아가면 나도 더 이상 눈을 질끈 감거나 몸을 움츠릴 필요가 없다. 부정이나 투사도 그런 위기의 순간을 벗어나면 또 다른 방어기제로 대체될 것이다. 벌 때문에 깜짝 놀라서 몸을 움츠리는 것이 내 잘못은 아니듯, 위기의 순간에 어떤 방어기제를 사용한다고 해서 그것이 비난받을 일은 아니지 않을까?

방어의 방식이
사람됨을 결정하지 않는다

성숙한 방어기제도 이러한 시선에서 살펴볼 필요가 있다. 누구라도 동의하겠지만 박애주의나 이타주의 같은 것들은 실천하기 어렵다. 성숙한 방어기제를 살펴보면 마치 도인이나 종교인들에게나 어울릴 법한 내용들이다. '눈앞에 있는 빵을 먹고 싶은 충동을 억제하라', '지나가는 아름다운 여인에 시선을 뺏기는 스스로를 탓하라' 하며 스스로를 다그치는 것은 참으로 고행이 아닐 수 없다. 유머도 마찬가지다. 우리가 유머를 적절히 사용하고 분위기를 화기애애하게 만들어주는 데 익숙한 사람들을 좋아하는 것은 당연하다. 하지만 저 사람 때문에 내가 너무 화가 나 있는데 그러한 상황에서조차 적절한 유머를 구사해야만 성숙한 사람이 되는가. 적절한 유머코드를 떠올릴 수조차 있을까? 그렇게 감정이 격해져 있는 상황에서?

'성숙한 방어기제는 어떠어떠한 것이다' 이야기를 듣는다면 우리 모두는 그러한 기제를 사용하고 싶을 것이다. 누구라도 성숙한 사람이 되는 것을 마다할 사람은 없으므로. 하지만 우리 모두가 수도자나 스님이 되어야 할 필요는 없다. 일상적인 욕구와 떠오르기 싫은 생각들을 억제하며 나의 욕심을 버리기만 하는 삶이 모두에게 행복을 줄 수 있을까. 그러한 관점에서 볼 때 '성숙하다'는 것이 나에게 얼마나 도움이 되는 것일까. 우리 모두가 성숙한 사람이 되어야 할 필요가 있는 것인지조차 분명치 않다. 한평생을 살아도 과연 그러한 모습을 갖출 수 있을는지는 알 수 없는 일이다.

'나는 성숙한 사람이 되기 싫어. 하고 싶은 대로 살 거야'라고 마음먹는 사람에게 누가 돌을 던지겠는가. 어렵게 살기보다는 그때그때의 마음에 충실하고 싶다는 생각, 억지스럽거나 사회적 범주를 벗어나지 않는 차원에서 자신의 욕구를 충실히 만족시키고 싶다는 생각이 드는 것은 당연하다. 성숙하다는 것이 나를 행복하게 만들어줄 수 있는 것일까 고민해볼 필요가 있다. 보다 근본적으로는, 성숙한 방어기제로 분류된 것들이 정말로 성숙한 것인지 고민해볼 필요도 있다. 성숙과 미성숙을 결정하는 주체는 나여야 한다. 누군가 분류해놓은 잣대가 있어야만 나의 방어기제의 성숙도를 알 수 있는 것은 아니다.

모른다면 별 탈 없이 살겠지만, 적어도 이러한 방어기제의 분류를 알고 난 다음이라면 나의 방어기제에 대해서 의식을 하지 않을 수 없을 것이다. 좀 더 성숙하고자 하는 노력이 나쁜 것은 아니다. 하지만 내가 나를 방어하는 방식들이 나의 사람됨을 결정하는 것은 아니라는 것을 유념하자. 동생이 태어난 후 아이가 바닥을 기어 다니고 엄마 젖을 빨려 하는 퇴행을 보인다고 해서 아이를 비난할 것은 아니다. 성숙은 삶 전체를 통해서 이뤄지는 것이다. 우리는 우리가 충분히 성숙하다고 언제쯤 자신 있게 이야기할 수 있을 것인가. '성숙과 미성숙'을 '좋고 나쁨'으로 받아들이는 것은 곤란하다.

중요한 것은
나에게 맞는 방어기제

잘 익은 과일이 풋과일보다

맛이 좋음은 당연한 일이겠지만, 풋과일도 언젠가는 익을 것이다. 풋과일은 풋과일 나름대로 존중받아야 할 가치가 있는 것처럼 우리의 방어법도, 또한 그러한 방어를 사용하는 우리 각자도 그 나름대로 존중받아 마땅한 사람들이다. 수도자들이 일반인보다 더 우월하다는 근거는 어디에도 없다. 오히려 나와 같은 방어법을 사용하는 사람들에게 우리는 더 끌리고 친밀함을 느낄 수 있다.

병리적이고 미성숙한 방어들은 사실 그 자체적으로는 매우 친숙하고 쉽게 이해할 수 있는 방어들이다. 또한 일반적이고 쉽게 예측할 수 있다. 불치병을 판정받은 상황에서 부정의 반응을 숨기기란 쉬운 일이 아니다.

그런 의미에서 볼 때 스트레스 상황에서 보이는 일반적인 패턴들을 이해하고자 하는 욕구는 나를 알기 위한 좋은 방법이 될 수 있으나, 이에 가치판단을 붙이는 것은 다시 생각해볼 필요가 있다. '나는 이러이러한 방어기제를 주로 사용하는 사람이다'라고 이해하는 것은 좋지만, 이것이 내가 괜찮은 사람인지 아닌지를 결정하는 중요한 지표인 것은 아니다. 벌에 위협당하는 사람이 소리 지르고 눈을 질끈 감는 것에 어떠한 가치판단을 부여할 수 있겠는가? 어떤 사람은 벌을 잡으려고 할 것이며 어떤 이는 소리 지르며 도망칠 것이고, 혹자는 얼어서 움직이지 못할 수 있다. 개인의 차이만이 있을 뿐이다.

또한 대부분의 방어기제는 무의식적으로 이루어지는 것이기 때문에, 의식적으로 내가 나를 방어하는 기술을 이리저리 변환하기는 쉬운 일이 아니다. 어떤 방어기제가 사회적으로 바람직하고 성숙하게 여겨진다 해서 그것을 써먹으려고 노력한다 하더라도 이는 쉽게 이루어질 수 없다. 다음번에는 벌을 만나면 노트로 때려버려야지 생각하더라도 다시 벌을 만나면 이전처럼 "엄마야" 놀라며 도망칠 뿐이다. 부정과 투사를 사용하지 않으려 해도 위기의 순간에는 여전히 동일한 방식을 써먹을 것이다. 노력으로 나의 방어법을 변환시키는 데는 한계가 있을 수밖에 없다. 성숙한 방어법으로 바꾸기 위해 노력하는 것이 오히려 좌절과 자기비하를 초래할지도 모를 일이다.

'나는 이런 사람이야. 주로 이렇게 행동하는 사람이야' 정도로 방어기제를 이해하는 것이 가장 좋겠다. '이렇게 해왔는데 저렇게 하고 싶어' 노력할 수는 있다. 하지만 굳이 위계질서를 두지는 말자. 부정과 억압을 일삼던 사람이 승화와 유머로 방어법을 바꾸는 것도 훌륭한 일이지만, 이타주의로 똘똘 뭉친 사람이 투사와 반동형성을 나타내는 것도 의미가 있는 일이다. 평소와는 다른 사람이 되어보는 것, 다르게 나를 방어해보는 것은 그 자체로 의미가 있다. 한번쯤은 성인군자가 되어보는 것도, 본능에 충실한 사람이 되는 것도 괜찮다.

내 방어기제는 나라는 사람을 나타낼 뿐이다. 성숙과 미성숙을 논하기에 세상에는 너무나 다양한 사람들이 존재한다.

성숙한 누군가가
되지 않아도 좋다

나는 왜 이러한
방어기제를 사용하는가

스스로 즐겨 사용하는 방어법에 대해 어느 정도 이해가 되었다면 아마도 이런 궁금증이 생길 것이다. 대체 왜 이런 방어기제를 즐겨 사용하는 것일까? '위기 때에는 이러한 방식으로만 나를 방어하겠어' 결심을 한 것도 아닐 텐데, '이렇게 나를 지키겠어' 하며 의식적으로 노력하는 것도 아닐 텐데 왜 항상 뭐든지 부정하려 하며 타인을 탓하는지, 왜 스트레스를 받으면 몸이 아파오는 건지, 화나는 놈일수록 더 잘해주려고 노력하는지, 이유를 찾기 어렵다. 도대체 왜?

이 질문에 대해서는 속 시원하게 답을 내리기가 어렵다. 확실한 것은 스스로 선택해서 노력한 결과는 아닐 가능성이 높다는 것이다. 부모의 패턴을 배워서 따라해왔을 가능성이 크다. 우리는 어떤 식으로든 가장 가까운 가족들의 영향을 받지 않을 수 없고, 부모라는 존재는 최고 위에 존재한다. 화가 나면 일단 뭐든지 던지고 보는 아빠, 아빠 때문에 화난 마음을 엉뚱하게도 아이들에게 퍼붓는 엄마. '나는 절대로 저런 모습으로 살지 말아야지' 굳게 다짐을 해보아도 결국 내 아이들에게 부모의 행동을 답습하고 있는 나. 서글프고 후회스러운 일이지만, 그런 일들이 곳곳에서 일어나고 있다. 나의 아이들은 이런 내 모습을 자신의 아이들에게 그대로 보여줄지도 모를 일이다. 이어지고 또 이어지는 패턴이 반복된다.

동일한 방어기제를 반복적으로 사용하는 다른 이유로는, 해당 방어기제를 성공적으로 사용해온 경험 때문일 수 있다. 스트레스나 갈등 상황이 되면 나의 내면은 알게 모르게 이런 저런 방어기제를 테스트한다. 그중 효과가 있는 방법들이 추려지고 또 추려져서 현재의 방어기제가 살아남은 것이다. 남 탓도 해보고 억압도 해보며 종교에도 기대어보았지만 그나마 가장 성공적이었던 방법이 있었다면, 결국은 그 방법을 나의 주 방어기제로 사용하게 되는 것이다. '이게 안 되니 저걸로 해봐야지' 하며 의식적으로 노력해온 것은 아닐 테지만 마음속에서 그러한 작업이 나도 몰래 진행되어 왔을 가능성이 충분히 있다.

어떠한 방어가 성공적으로 진행되었다는 것은, 그 방어가 다른 어떤 것보다도 나를 효과적으로 지켜주었다는 의미가 될 것이다. 다른 사람에게 피해를 주거나 타인을 불편하게 만들지 않으려 하는 사람들은, 현재 사용하는 방어법을 통해 남들을 불편하게 만드는 상황을 성공적으로 피할 수 있었을 것이다. 나를 지키는 것이 먼저인가 아니면 남들을 불편하게 만들지 않는 것이 우선인가? 이 질문에 대한 답은 각자의 성격과 기질에 따라 다르다. 미성숙하더라도 나를 먼저 지키겠다는 사람이 쓰는 방어와 내가 좀 피해를 입더라도 상대방을 힘들게 만들지 않겠다고 생각하는 사람의 방어는 당연히 다를 것이다. 방어기제를 사용하면 할수록 각자의 성격과 성향에 맞추어 더욱더 예리해질 것이다.

마지막으로, 현재의 방어기제가 그저 사용하기 편하기 때문일 수도 있다. 위기의 상황에서 자신의 잘못을 부정하고 남 탓이라 여기는 것은 사실 가장 편한 방어법이다. 가장 유아스럽고 본능적이다. 그래서 '미성숙하다'는 이야기가 나오는 것인지도 모르겠다.

종합적으로 생각해봤을 때 방어기제의 분류를 '성숙'과 '미성숙'으로 논하는 것보다는 차라리 '쉬운 방법'과 '어려운 방법'으로 분류하는 것이 더 나을 수도 있다. 분명히 자기가 했는데도 '내가 한 게 아니야'라며 부정해버리는 것은 쉬운 방어다. 하지만 타인의 이익을 챙기고 세속의 모든 욕심을 억누르며 사는 사람이 세상에 얼마나 있겠는가. 하물며 유머는 어떠한가. 선천적으로 유머기질을 타고 나는 사람들도 있겠지만, 유머에는 많은 노력과 배움이 필요하다. 많은 직장인들이 자신의 상사를 웃기기 위해, 동료들을 재밌게 하기 위해 셔츠 주머니에 실없는 농담 노트를 들고 다니는 데는 다 이유가 있다. 남들을 유쾌하게 만드는 것이 쉬운 일이 아니기 때문이다.

기본적으로 사람은 번거롭고 불편한 일을 싫어한다. 또한 자신을 끊임없이 수련해야 하는 상황에 놓이기를 원치 않는다. 설령 미성숙한 방어만을 사용하는 탓에 타인에게 부정적인 시선을 받고 어울리지 못한다고 해도, 스스로를 고행길에 접어들게 하기보다는 살던 대로 사는 것이 더 편한 존재가 인간이다. 남들이 나를 어떻게 보든, 뭐 어떻다는 말인가. 굳이 세상의 잣대에 자신을 끼워 맞추려 들 필요는 없다. 주변에 나와 같은 태도로 세상을 살아가는 동료나 친구들도 많으니 외톨이라고 느낄 필요도 없다.

아픔을 방어기제로
사용하는 사람들

항상 여기저기 몸이 아파 내과나 가정의학과를 자주 들락거리던 사람이 어느 날 정신과를 방문했다. 편두통에 위장장애, 근육통까지 통증이 몸 여기저기를 제집 드나들 듯 옮겨 다니는 형국이었다. 뭔가 신경을 쓰거나, 고민스런 일이 있을 때 통증은 더 심해졌다. 평소 남편과의 갈등이 심하다고 호소하는 사람이었기 때문에, 담당 의사는 신경성의 양상이 있다 판단하여 정신과 진료를 권유했다. 환자는 못마땅한 표정으로 진료실에 들어와 내가 왜 여기에 와야 하는지 아직도 이해가 안 된다는 불평을 늘어놓았다. 스트레스와 통증이 관련이 있을 것이라는 의사의 이야기에도 반신반의하는 모습이었다.

이 환자는 '신체화'라는 방어기제를 사용하는 듯 보였다. 물론 신체화라는 단어로 환자의 증상을 100퍼센트 설명하기에는 무리가 있을 것이다. 다만 왜 하필이면 자신의 몸을 아프게 하는 방어기제를 사용하는 것일까에 대해서는 의문을 가질 필요가 있다. 환자는 크게 우울함을 호소하지도 않았다. 자신을 우울증 환자 취급하는 의사들과 사람들의 태도도 싫어했다. 그런데 이야기를 해보면 그는 분명 우울한 사람이 맞다. 왜 그는 한사코 자신의 증상을 부정하는 것일까. 갑자기 이런 질문이 떠올랐다. '이 환자가 본인의 우울함을 인정하면, 이런 통증들이 호전될까? 환자가 우울함을 직면할 수 있도록 도와야 할 것인가?'

자신의 갈등과 스트레스를 처리하는 방법으로 자신의 몸을 아프게 하는 것을 선택했다는 것이 참으로 아이러니하게 들릴지도 모른다. 하지만 본인이 원하든 원하지 않든 스스로 부정적인 방법을 선택한 것에는 여러 이유가 있다. 자신보다 강하고 고집스런 남편이라는 존재에게 자신의 불만을 퍼붓는다는 것은 불가능하다. 그렇다고 이혼을 하거나 돌이킬 수도 없는 일이다. 스스로 우울하다고 인정하기는 싫다. 주변에 도움을 구할 수도 없다. 아이들에게도 자신의 감정을 숨겨야 한다. 어떠한 선택지도 만족스럽지 않은 상황에서 본인의 몸을 아프게 하여 그 순간만큼은 환자로서 동정과 관심을 받을 수 있다면, 통증에 몰두하면서 현실의 온갖 갈등들을 잊어버릴 수 있다면, 그의 통증은 새로운 국면에 접어들 수 있게 된다. 내가 동의하든 동의하지 않았든간에 통증은 그 자체로 자신을 방어하는 수단이 되는 것이다.

오늘도 우리는 편하고 익숙한, 그래서 그간 유용하게 사용해온 방어기제들을 사용하고 있다. 좋다 나쁘다를 판단하기보다는 나는 어떠한 방어기제를 사용하는지 탐구해보는 시간이 필요하다. 당신은 얼마나 성공적으로 자신을 방어하고 있는가.

우울 권하는
사회에 맞서

자신을 보호하려
들지 않는 사람들

　　　　　　　　성숙하든 성숙하지 않든 자기 나름대로의 방법으로 스스로를 보호하려고 한다면 그나마 다행한 일이다. 이것보다 더 큰 문제는, 자기를 보호하려는 최소한의 노력조차 하지 않는 사람들이다. 생각보다 꽤 많은 사람들이 자신을 보호하려 들지 않는다. 오히려 상처에 더욱 자신을 노출시키고, 그 상처를 온몸으로 받아내려 한다. 못에 찔려 아픈 상처에 소독을 하고 약을 바르기는커녕 못을 더 깊숙이 찔러 넣어 고통의 극한까지 가보려는 태도를 보면 놀라지 않을 수 없다.

　마음에 드는 이성에게 차이고 또 차여도 계속 대시하는 사람들이 있다. 처음에는 정중히 거절하던 이성도 나중에는 짜증을 내고 감정적으로 대하게 된다. 모진 말을 하기도 하고 때론 동물원 원숭이 취급하기도 한다. 그래도 요지부동이다. 나의 상처쯤이야 아무렇지 않다는 듯 돌진 또 돌진이다. 이런 순애보의 결말은 과연 어떨까? 끈기 있는 자가 미인을 얻는다고 자기암시를 하며 매일매일의 비참함을 견뎌내야 한다. 어쩌면 이런 사람들은 '사실 저 사람도 나를 좋아하고 있을 거야' 생각하면서 부정의 자기방어를 하고 있을지도 모른다. 비참함을 억누르는 억압의 방어기제일 수도 있겠다. 나쁜 생각에 빠지는 것을 좋아할 사람은 아무도 없다. 그런 상황에서는 자존감이 떨어지고 비참해지기에, 그 생각들을 억누르려 노력한다. 직진 또 직진하면서 허튼 생각이 머릿속에 들어올 기회를 주지 않는다. 멍하니 있으면 비참함이 몰려올 것이기에, 스스로의 행동에 몰두하며 자신의 행동을 정당화시킨다. 이미 너무 많이 와버렸기에, 이제 와서 현실을 인정한다는 것은 더할 나위 없는 고통일 것이다. 그것을 알기에 더욱 현실에서 벗어나려 한다. 낭떠러지 끝으로 걸어가는 것을 알지만, 애써 외면해버린다.

　언젠가 사랑을 쟁취하는 날이 올 수도 있다. 하지만 그 과정은 견디기 어려운 고통의 연속일 것이다. 내게 마음을 주지 않는 상대를 포기하는 것은, 내가 나약한 사람이거나 그 사람을 덜 좋아해서가 아니다. 내가 나를 지켜내야 하기 때문이다. 더 이상 비참해지기 전에, 더 이상 패배감과 자기비하에 빠지기 전에 나를 구렁텅이에서 빼내는 행위가 될 수 있다. 슬프고 좌절도 하겠지만 심각한 우울증에 빠지지는 않는다. 근거 없는 자기비하 안에서 허우적댈 필요도 없다. 이것을 사랑 앞에 나약한 자의 모습이라 매도할 수 있을까.

일방적인 사랑의 항해를 지속하는 사람들을 보면 한편으로는 그 순애보가 대단해 보이다가도 한편으로는 이런 생각을 하게 된다. '뒷감당을 어떻게 하려고?' 최선을 다했기에 후회는 없다며 웃으며 돌아설 수 있다면 참으로 행복한 결말이 되겠지만, 두 배 세 배로 비참한 현실에 완벽하게 부서져버리는 사람들도 많이 있다. 사랑에 실망하고 좌절한 사람이 한강다리 위를 서성거리거나, 사랑했던 그녀의 얼굴에 약품을 부어버리거나, 너도 죽고 나도 죽자는 식으로 덤벼드는 경우를 우리는 많이 보아왔다. 조금만 더 자신을 지키려 노력했더라면 과연 그렇게 끝이 났을까. 어느 정도 선까지 나를 지키고 나를 던져야 하는가. 사랑의 문제는 언제나 어렵다.

비참함으로부터의
탈출

                      그 어느 때보다 감정에 충실할 것을 강요하는 분위기가 만연해 있다. 이성보다는 감정이 더 중요한 요소인 것처럼, 스스로의 감정에 충실히 파고들 것을 요구한다. 긍정적인 감정이야 말할 것도 없고 부정적인 감정에도 동일한 요구를 하는 것이다. '우울한가? 그럼 우울함을 더욱 느껴라. 우울함에 더욱 깊이 몰두하라. 우울의 끝으로 자신을 던져봐라. 우울함도 하나의 감정일 뿐이다' 하며 선동한다. 외로움, 화, 수치감 등 기타의 부정적인 감정도 마찬가지다. 방어기제라는 것은 이런 사람들에게는 쓸모없는 것이다. 부정적인 감정도 그대로 받아내야 하는 것이기에, 나를 힘들게 하는 감정에서 벗어나고자 하는 노력들을 모두 평가절하한다. 비참함을 느끼는 사람이 스스로를 더 비참한 상황으로 몰고 간다. 이것을 우리는 어떻게 바라볼 것인가.

   나를 보호하려 들지 않는 사람들은 자신의 행동 이면에 어떠한 것들이 자리 잡고 있는지 고민해볼 필요가 있다. 나는 왜 남들처럼 자신을 보호하려 하지 않는지, 왜 자신을 상처받아 마땅한 사람으로 여기고 있는 건지, 혹시 행복할 자격이 없는 사람으로 자신을 받아들이고 있는 것은 아닌지 생각해봐야 한다. 우울증이 심한 사람이라면 우울증을 교정해야 할 필요도 있다. 우울한 상태에서는 우울한 생각밖에 들지 않기 때문에, 박혀 있는 못을 빼내려 하기보다는 더 깊숙이 밀어 넣을 수도 있다. 병적인 우울함을 치료로 호전시켜 '우울한 감정-우울한 생각'의 고리를 끊어줄 필요가 있다. 우울함이 교정된 뒤에야 자신을 보호할 적극적인 의지도 발생하게 될 것이다. 실제로 우울증에서 호전된 많은 환자들이 이전에 하지 않던 적극적인 행동들을 하려는 경향을 보이기도 한다. 우울한 아내들이 '너는 너, 나는 나' 명확하게 선을 그으며 남편에게서도 적극적으로 분리되려는 모습을 보인다. 이혼하려 한다는 이야기가 아니라 자기 삶의 울타리를 명확하게 치려 노력한다는 것이다. 내가 행복해야 관계도 행복한 법인데, 그 전에는 간과했던 사실이다. 슬픔에 파묻혀 자꾸만 물속으로 가라앉는 것도 모르고 살아왔을 터다.

어떤 시선으로 보더라도 스트레스에 나를 내던지기보다는 스트레스로부터 도망치는 편이 낫다. 나를 보호해야 한다. 재도전의 기회를 가지려면 내가 온전한 상태를 유지해야 한다. 상처와 자기비난으로 파김치가 된 사람이 새로운 사랑에 감히 접근할 용기를 가질 수 있을까. 나 같은 사람을 누가 좋아해주겠냐며 스스로에게 회의감을 가지는 상태에서 새로운 사랑의 시작은 요원한 일이다. 비록 한 차례 실패하더라도 나를 여전히 괜찮은 사

삭막한 현실에서 벗어나려 노력하기보다는
자책과 피해의식의 계단을 따라 더 깊은 우울로 빠져드는 사람들이 있다.
자신에게도 행복할 권리가 있다는 사실을 망각해버렸기 때문이 아닐까?

람으로 남겨둘 것인가, 아니면 이 실패가 나를 못나고 가치 없는 사람으로 만들어버리도록 내버려둘 것인가. 우리는 어떤 상황에서든 스스로를 보호해야 한다. 인생은 계속되기에.

chapter 2

모든 것이
나의 탓일 수는 없다

합리화에 대한
오해와 진실

합리화라는 이름의
방어기제

눈치가 빠른 사람이라면, 앞선 방어기제에 대한 소개에서 중요한 것이 하나가 빠져 있음을 발견했으리라. 바로 우리가 매우 흔하게 사용하는 방어기제 중 하나인 '합리화'다. 사실 일상의 거의 모든 부분에서 우리는 알게 모르게 합리화를 사용하고 있다. 합리화에 대한 예시는 너무나 많아서 일일이 열거하기 힘들 정도지만 대표적인 합리화의 예로 널리 알려진 우화 하나를 소개하겠다.

여우가 길을 지나가다가 나무 위에 먹음직스럽게 열려 있는 포도를 보았다. 여우는 포도를 무척이나 따먹고 싶었지만 키가 닿지 않아 포도를 먹을 수가 없었다. 포도 먹기를 포기한 여우는 '저 포도는 너무 시어서 먹을 수 없는 것일 거야' 생각하며 스스로를 달래었다.

'여우와 신포도' 이야기는 대표적인 합리화의 예시다. 합리화라는 키워드로 책이나 인터넷 검색을 해보면 거의 모든 글에서 이 여우와 신포도 이야기가 나온다. 포도를 따먹을 수 없었던 여우는 스스로 느꼈을 법한 분노와 자기비하 등의 부정적 감정에서 벗어나기 위해 스스로를 '합리화'했다. 저 포도는 어차피 먹을 수 없을 것이라고, 따려고 노력해봤자 나만 힘들 뿐이라고.

여우와 신포도 이야기를 처음 접한 사람들이라면 이상한 거리감을 느꼈을 것이다. 그간 우리가 접했던 교훈이나 우화의 법칙대로라면 여우는 계속해서 포도 따기를 시도해보든지, 아니면 깨끗하게 포기를 했어야 한다. 그러나 여우는 머릿속에서 스스로를 보호할 무언가를 만들어냈다. 더 이상 포도에 집착하지 않고 깨끗이 포기할 수 있도록. 물론 그냥 포기할 수도 있겠지만 분하고 억울한 감정은 어찌할 것인가. 여우는 그러한 부정적인 감정이 자기를 괴롭히도록 내버려두지 않았다. 합리화라는 방법을 통해 좌절감이나 화가 스스로를 공격할 여지를 차단시켜버린 것이다. 하필이면 왜 여우일까? 지혜의 상징이라는 여우를 신포도 이야기에 등장시킨 것이 우연이라고 느껴지지는 않는다.

우리는 얼마나 많이 합리화를 사용하고 있을까? 아마도 거의 셀 수 없을 만큼이지 않을까. 하루라도 우리가 스스로를 합리화하면서 살지 않는 날이 없을 정도인 것 같다. 시험을 못 본 학생은 '문제가 너무 어려웠어', '오늘 컨디션이 영 별로였어' 생각하면서 스스로를 위로한다. 점심으로 찌개를 먹을까 냉면을 먹을까 고민하던 끝에 찌개가 맛이 없었다면 '오늘 감기기운이 있어서 차가운 냉면을 먹었다면 감기가 더 심해졌을 거야'라고 애써 긍정적인 결론을 낸다. 직장인들에게는 점심시간이야말로 합리화의 장인지도 모른다.

가장 간편하고 튼튼한 방어막

앞에서 언급한 여러 가지 방어기제들이 흔하게 자주 쓰이고 있는 것임에는 분명하나, 합리화의 사용 빈도는 이들을 월등히 뛰어넘는다. 어떠한 행동을 보여줄 필요도 없고, 상대방을 설득할 필요도 없는 지극히 간편한 방어법이기 때문이다. 여우는 '저 포도는 아마도 실 거야'라고 생각했을 뿐 굳이 남에게 어떤 말을 하거나 행동을 보여줄 필요가 없었다. 스스로 그렇게 생각하고, 머릿속에서 믿으면 끝나는 것이기 때문이다. 이따금 스스로 합리화한 사항들을 타인에게 설명해야 하거나 설득해야 할 상황에 놓이기도 하지만, 실제 이러한 경우는 아주 드물다. "거 봐. 내 말이 맞지?"라고 굳이 증명해야 할 필요는 없다. 나 스스로 설명하고 설득당하면 그만인 것이기 때문에 지극히 간편하다. 합리화가 우리 주변에 만연해 있는 것은 이러한 간편함 때문인지도 모르겠다.

언어가 발달하고 인지적으로 성숙할수록 합리화의 기술은 더욱 늘어간다. 합리화는 기본적으로 자신을 설득하는 일인데, 그 설득은 어느 정도의 이유와 근거를 갖추고 있어야 가능하기 때문이다. 인과관계에 서투른 아이들에게는 이러한 작업이 근본적으로 쉽지 않다. 원인과 결과에 대한 이해를 더욱 갖추고 스스로 기승전결을 만들 수 있는 나이가 되었을 때 비로소 손쉽게 합리화를 할 수 있게 된다. 어릴 때는 "그게 아니야", "엄마 때문이야" 하며 부정과 투사를 일삼던 아이가 커서 세련된 합리화를 구사하게 되는 것은, 발달의 과정상 자연스러운 변화라 할 수 있다.

합리화를 더 성숙하게 할 수 있는 단계가 되면 우리는 타인의 합리화 기술을 배우고 익힐 수도 있게 된다. 나의 합리화가 잘

통하지 않는 상황에서 상대방의 합리화가 더 그럴듯해 보이면 상대의 방법을 차용하여 도움을 받을 수 있다. 만일 포도를 따먹고 싶은 토끼 한 마리가 '키가 작은 게 죄는 아니잖아'라고 스스로를 달래보지만 마음이 진정되지 않았다고 치자. 그런데 옆에 있는 여우가 "저 포도는 시어서 못 먹어"라고 이야기해준다면 상황은 달라진다. 나의 방어보다는 저 여우의 방어가 훨씬 그럴듯해 보인다. 따라서 토끼 역시 여우처럼 저 포도가 신포도라고 믿어버리는 것이다. 이제 토끼의 마음이 훨씬 편해진다. 토끼는 여우의 합리화를 학습했기에 앞으로 비슷한 상황이 생기면 여우처럼 생각하고 행동하려 할 것이다. 여우의 방식이 통하지 않는다면, 또 다른 누군가의 합리화를 배울 수도 있다.

나이가 들수록 합리화의 기술은 정밀해지고 세련되게 변한다. 어떠한 상황에서도 스스로를 설득할 수 있는 합리화의 방법을 찾아내게 되는 것이다. 흔히들 사람이 나이를 먹으면 더 현명해지고 고집이 생긴다고 이야기하는데, 여기서 말하는 현명이라는 것은 합리화의 기술이 발전하는 것과도 연관이 깊다. 고집스러워진다는 것도 스스로 선호하는 합리화의 기술이 고정된다는 의미가 될 수 있을 것이다. 어떤 면에서는 진화하고, 또한 어떤 면에서는 더욱 단단해진다.

합리화는 인생을 마감할 때까지도 계속된다. 질병, 사고, 노

화. 어떠한 요인으로 인한 것이든 인생의 끝머리에 서 있는 사람
들은 그들의 인생이 의미가 있었음을, 헛되지 않은 것이었음을
스스로에게 설득할 필요가 있다. 미련과 후회 속에서 삶을 마감
할 수는 없지 않겠는가. 장성한 자녀들, 이루어놓은 경제적·사
회적 지위들, 사소하거나 대단한 업적들. 이런 것들을 떠올리면
서 스스로 삶의 의미를 만들어내야 한다. 삶의 뒤안길에 서 있는
사람들이야말로 그들의 '인생 전체를' 합리화해내야 하는 상황
에 놓인다. 하나하나의 에피소드가 아니라 인생 전체, 한 사람의
인생 모두가 대상이 되어야 한다. 인생에 걸쳐 쌓아온 한 사람의
합리화 기술 전체가 집대성되어야 할 중요한 시기인 것이다.

태어나서 죽을 때까지 한 가지 방어기제만을 사용하는 사람
은 없다. 상황과 상대에 맞게 다양한 방어기제를 사용한다. 하지
만 사용할수록 진화하고 견고해지며, 세련되어지고 자연스러
워지는, 보편적이고 흔한 방어는 아마도 합리화가 제일이지 않
을까. 지금 이 순간도 합리화는 우울로 빠지려는 당신의 영혼을,
자책과 혐오로 번지려는 당신의 사고를 건강하게 설득하고 있
을 것이다.

게으른 변명으로 치부되는
합리화

그럼에도 불구하고, 합리화에 대한 사람들의 시선은 달갑지 않다. 누구라도 도서관이나 인터넷에서 합리화에 대한 정보를 찾아본다면, 수많은 부정적인 설명들과 마주할 수밖에 없을 것이다. 사소한 합리화 하나 하기가 멋쩍어질 정도다. 알려진 대로라면, 개개인의 성격, 의지, 동기부여 등은 합리화와 반비례 관계를 이룬다. 합리화를 많이 하는 사람일수록 우매하고 나약한 사람이 되고, 합리화를 잘 하지 않는 사람은 긍정적이고 고매한 인격의 소유자가 된다. 자기방어 중에는 부정적 이미지로 알려진 것들이 많은데, 합리화는 그중에서도 대표적이다.

베일런트의 방어기제 분류에 따르면 합리화는 '신경증적 방어'에 포함된다. 의식이 감당하기 어려운 감정들을 무의식의 수준에서 가둬두는 '억압'이나, 받아들여질 수 없는 욕구와 정반대의 행동을 하면서 갈등을 해결하는 '반동형성'과 동일선상에서 취급받는다. 합리화를 자주 사용하는 사람은 불안장애나 우울장애를 가지고 있을 가능성이 많다는 의미나 마찬가지다. 이론상으로는, 자신의 허물을 적극적으로 합리화하는 것이 성숙한 방어자세로 인지되지는 않는다는 뜻이다. 이렇듯 합리화의 지위는 보잘 것 없다.

합리화를 수식하는 형용사들을 보자. 여러 가지가 많이 쓰이지만 가장 먼저 '어쭙잖은 합리화'를 떠올릴 수 있다. 영어로는 ridiculous(말도 안 되는), laughable(웃기는, 터무니없는) 등으로 번역한다. '합리화'라는 단어를 들으면 떠올리는 이미지가 '어쭙잖은'이라는 것만 보아도, 합리화에 대한 인식이 얼마나 부정적인가를 알 수 있다. '어쭙잖은'만큼이나 자주 사용되는 '그럴듯한 합리화'라는 표현도 부정적이다. '궁색한 합리화', '쥐어짜낸 합리화' 등도 마찬가지다. 합리화라는 단어 앞에 무언가 긍정적인 형용사가 붙는 것을 본 적이 별로 없는 것 같다. '훌륭한 합리화', '기가 막힌 합리화'와 같은 표현들은 왠지 낯설다.

또한 합리화는 '핑계, 변명'처럼 들리기도 한다. 합리화를 한다는 것과 자기변명을 한다는 게 무슨 차이가 있는지 궁금해할 사람들도 많을 것이다. 여우가 포도가 시다고 이야기한다면 "그건 그냥 변명 아냐? 어차피 못 딸 거니까 핑계 대는 거잖아" 따지고 드는 사람이 많을 것이다. 핑계 대지 말라거나 변명하지 말라는 이야기들은 결국 자기합리화를 그만두라는 이야기처럼 들린다.

합리화라는 단어는 노력하지 않는 게으름뱅이의 전유물처럼 여겨지기도 한다. "시험이 어려워서 잘 못 봤어. 나는 열심히 공부했는데…" 주장하는 아이의 이야기를 듣고 있으면, 왠지 다음번에도 지금처럼만 공부하고 말 것 같다는 생각을 하게 된다. 다음에도 시험을 못 보게 되면 또 문제가 어려웠다고 말할 것이고, 잘 본다면 문제가 쉽게 출시되었기 때문일 것이다. 이번 시험이 어려웠다고 합리화를 하는 아이가 다음번에 시험을 더욱 잘 보기 위해 열심히 공부할 것이라는 생각을 하기는 어렵다. 합리화를 하는 바탕에는 더욱 노력을 하지 않겠다는 전제조건이 깔려 있기라도 한 것처럼 말이다. 또 다른 높은 나무에 매달려 있는 포도를 볼 때 여우는 다음에도 저 포도는 실 것이라고 생각하지 않겠는가. 오늘 신포도를 합리화한 여우가 내일은 어찌되었건 저 포도를 따먹고 말 것이라 생각하기는 어렵다. '저 사람은 행동변화를 하지 않으려 하기 때문에 합리화를 한다'는 생각이 우리의 마음속에 만연해 있다.

합리화는 행동 수정을 위해서 필요한 일정 수준의 죄책감 형성을 방해한다고 여겨진다. 길에다 아무렇게나 음료수 캔을 버리는 사람이 '길거리에 휴지통이 없어서 그런 거야'라면서 자신을 합리화한다면, 비도덕적 행동들에 대한 죄책감은 생기지 않는다. 당연히 자신의 행동을 수정할 만한 동기부여가 되지 않을 것이다. 도덕적인 사람으로 살기 위해 필요한 적당한 자책감, 윤리의식을 형성하는 데 합리화는 방해요소가 된다고 간주된다. 양심이라는 단어와 합리화는 왠지 궁합이 잘 맞지 않는 것 같다.

생채기 난 영혼을 보호하기 위해 사용하는 합리화는
때때로 타인의 비난과 조롱의 대상이 된다.
그저 내 영혼을 어지럽히지 않기 위한 최소한의 치료일 뿐임에도
사람들은 쉽게 손가락질한다.

지금 이 순간에도 수많은 자기계발서들이 '자기합리화에 빠지는 것을 경계하라'고 조언하고 있다. 마치 인격의 완성, 자기 발전, 부자, 고매한 사람이 되기 위해 경계해야 할 장애물로 간주되는 분위기이다. 수많은 방어기제 중에서도 이렇게 지탄받는 대상이 있을까 의구심이 들 정도이다. 오해이든 진실이든 간에 이렇게 천덕꾸러기 취급을 받는 합리화는 스스로 억울함을 많이 느낄지도 모르겠다. 마치 '사람들은 항상 나를 찾으면서도 동시에 나를 욕한다'라고 생각할 것 같다. 이렇게 부정적 이미지로 가득한 자기합리화, 어디서부터 잘못된 것일까?

인생은
합리화의 연속이다

어느 정신과 의사의
합리화 이야기

누구의 인생에나 갈림길이
있다. 그 길의 끝에는 무엇이 있을지 아무도 모른다. 걸어온 길을
돌이키며 회한과 아쉬움을 곱씹을 사람들도 많을 것이다. 또한
가지 않은 그 길에는 무엇이 있는지 평생을 궁금해하며 살아가
기도 한다. 현재를 충실히 사는 것은 모두가 원하는 바다. 그러나
과거의 하지 않은 선택이 눈앞에서 아른거리는 것은 막을 수 없
다. 먹지 못하는 떡이 더 맛있어 보이는 것처럼 가지 않은 길에

대한 집착은 언제나 사람들을 힘들게 한다.

부모의 권유로 의과대학에 입학하게 된 친구가 있다. 원하던 서울대를 가지 못하고 타 대학 의대에 입학하던 날, 그에게는 기쁨보다는 슬픔이 컸다. 서울대의 우람한 정문을 머릿속에 떠올리며 미친 듯이 공부했던 고교 생활 전체를 부정당하는 기분이었다. 이후 서울대에 진학한 고교 동창을 우연히 만났을 때에는 그에게서 광채가 내뿜어져 나오는 것 같았다. 의예과 필수과목인 생물·화학 등은 왜 그렇게 어려운지. 아무리 생각해도 진학을 잘못한 것 같았다. 그 친구는 하루하루 자신의 선택이 옳았음을 입증하는 증거들을 찾아다녔다. 그래도 의사가 최고라고, 먹고살기에 의사만 한 것은 없다는 칭찬도 조언도 아닌 이야기를 듣는 것으로 하루하루를 버텨냈다.

의사로서의 정체성을 겨우 획득할 무렵, 전공 선택이라는 또 하나의 암초가 찾아왔다. 가뜩이나 우유부단한 그에게 인생을 결정할 전공과목을 정하라는 이야기는 사형선고나 다름없었다. 그 많은 전공과목 중 대체 무엇을 선택해야 한단 말일까. 학생 때 정신과학을 흥미롭게 공부하기는 했었다. 문제는 주변 사람들의 반응이었다. 힘들게 공부해놓고 왜 먹고살기 힘든 정신과를 선택하려 하는지, 부정적인 주변의 시선과 정신과에 대한 좋지 않은 이미지는 어떻게 할 것인지 우려의 말뿐이었다. 자신의 선택에 확신을 가질 수 없었던 그는 정작 전공과목이 결정된 이후에도 지속적으로 스스로를 설득해야만 했다. 주변의 긍정적인 반응도 찾아나서야 했다. 정신과학을 선택한 이유를 스스로에게 설득하는 것은, 의과대학을 선택한 것을 설득하는 것보다도 훨씬 어려운 일이었다. 단지 '재미있다', '흥미로울 것 같다' 정도의 논리로 스스로를 설득하기에는 너무 어른이 되어버렸기 때문이었다. 어른이 되면 고려할 것도 생각할 것도 더 많아지니까. 잘못된 선택 때문에 힘들어하는 동기들, 결정을 번복하는 동료들을 보며 그 친구는 스스로를 설득하려 노력했다. 보잘것없는 심리적인 지식들이 자신을 더 행복하게 만들어줄 것이라 여기기도 했다. 더 나은 부부생활, 더 나은 양육, 더 행복한 인생을 만드는 데 정신과학만큼 도움되는 전공은 없을 것이라 생각도 해봤다. 경제적으로 풍족한 타과 친구들과의 만남을 가급적 피하려 노력하는 쪼잔한 모습도 보였다. 기껏 자신을 설득해 마음을 굳혀놓고도, 자본주의 앞에서 힘을 잃을지 모를 일이니까.

편한 솔로 생활을 청산하고 결혼을 해야 하는지, 결혼을 한다면 이 사람과 하는 것이 맞는 것인지, 아이는 낳는 것이 좋은지 둘의 사랑만으로도 충분하다 여기며 사는 것이 좋은지, 낳는다면 몇 명을 낳아야 하는지, 이 직장이 나에게 얼마나 득이 되고 해가 될지, 이전의 직장은 나에게 무엇을 안겨주었고 어떤 의미가 있었는지, 편한 월급쟁이 생활을 청산하고 개업해서 소위 삶의 전쟁터에 뛰어드는 것이 과연 잘하는 일인지 아닌 건지….

인생의 선택에 끝이란 없었다. 모든 것은 결국 선택의 연속이었다. 100퍼센트 확신을 가지고 선택할 수 있는 것이란 거의 없었다. 선택은 곧 현실이 되었고, 그 친구는 이 현실이 무채색의 흑백보다는 무지개색의 찬란함을 띠기를 바랐다. 현실을 포장하고, 나에게 최선의 결과임을 설득하려 애썼다.

오랜 노력의 세월을 뒤로 둔 채 그 친구는 지금 여기 서 있다. 스스로를 향한 그 친구의 설득과 노력은 일부는 아물고 일부는 흉터가 되어 온몸에 흔적을 드리우고 있다.

결국 모든 순간에는
합리화가 필요하다

일단 결정을 내린 순간 이후 친구는 스스로 방어해낼 필요가 있었다. 남의 떡은 보면 볼수록 커 보일 뿐이었다. 시선을 바깥으로 돌려보았자 고통만 커졌다. 스스로를 먼저 돌볼 필요가 있었다. 현실이 최악이 아님을 스스로에게 설득할 필요가 있었다. 누가 보아도 비참한 현실인데 무시하고 망상 속에서 살 수는 없는 노릇 아니겠는가. 결국 모든 것이 마찬가지였다. 벌어진 현실을 설득해내야만 했다.

이 정도면 꽤 괜찮은 상황이라고, 그다지 나쁘지만은 않은 현실이라고, 자신을 성공적으로 설득해내야만 마음의 고통에서 벗어날 수 있었다. 책에서 배운 것들, 현실에서 경험한 것들, 남들에게 익힌 것들을 총동원하여 현실을 설득하려 부단히도 애썼다. 누가 봐도 안락한 현실 속에 살면서도 정작 자신은 고통스러워하는 주변의 사람들도 많이 있었다. 사실 나를 둘러싼 현실이 진흙탕인지 장밋빛인지를 결정하는 것은 어느 누구도 아닌 바로 나 자신이었다. 남들을 설득할 필요 없이 나 자신만 설득해 내면 되었다. 그렇게 생각하니 일이 한결 편해졌다. 스스로가 가장 믿을 수 있는 방식으로, 가장 그럴듯한 증거들로 매 순간을 설득했다. 나를 설득하는 데 성공했다면, 그 증거들을 철썩 같이 믿으려 애썼다. 주변의 불필요한 자극들에 시선을 뺏기지 않으려 노력했다. 기껏 지켜낸 마음의 평화를 쉽게 빼앗겨버릴 수는 없었기 때문이다.

주변에서 벌어지는 좋지 않은 상황들을 찾으려 애썼다. 그렇다고 남의 불행을 나의 행복으로 여기는 부도덕한 마음은 아니었다. 그저 내 삶이, 내 현실이 그리 빡빡하지만은 않다는 믿음을 만드는 데 도움을 받고 싶었을 뿐이었다. 부정적인 것들보다는 긍정적인 요소들을 찾으려 애썼다. 아무래도 사람이기에 긍정보단 부정적인 면들에 더 시선이 쏠리기 마련이었다. 편향된 시선을 스스로 인지하고 바뀐 관점에서 현실을 바라보려 애썼다. 주변을 바라보니 다른 모든 이들도 스스로의 삶에 100퍼센트 확신을 가지는 것처럼 보이지는 않았다. 다들 이런저런 방식으로 스스로를 설득하며 생활하는 것 같았다. 나 역시 그러한 사람들 중 하나일 뿐이었다. 나 하나만 일장춘몽에 빠져 있는 것은 아니었다. 다들 약간의 망상 속에서 사는 것 같았기에, 어떠한 자격지심이나 부담조차 가질 필요 없이 스스로의 생각에 몰두하면 되었다.

비단 그 친구의 이야기만은 아니다. 나 또한 '합리화'로서 내 삶을 지켜왔다. 공부가 힘들고 어려울 때마다 의사로서의 안락한 미래라는, 보장되지도 검증되지도 않은 희망 하나에 기대려 애를 썼다. 악처가 있기에 소크라테스가 있는 것 아니겠나 생각하면서 결혼 생활의 다툼과 갈등들을 봉합하려 애썼다. 양육의 어려움은 나를 더 나은 아빠로, 더욱 성숙한 사람으로 만들었다. 매일매일 환자들에게 인생을 배우면서 그들에게 감사하는 마음을 가지게 됐다. 남보다 더 '행복'하게 살고 있다는, '의미 있는 삶'을 살고 있다는 믿음에 기대어 정신과 의사로 살겠다는 선택에 오점을 남기지 않으려 늘 노력한다. 돈 한 푼 내지 않고 타인의 인생과 삶의 이야기를 듣게 되니, 정신과 의사란 얼마나 멋진 직업이란 말인가. 이것이 내 인생을 합리화하는 생각들이다. 돌이켜 보면 인생의 갈등과 고민, 결정 옆에는 언제나 합리화가 든든히 자리하고 있었다.

처음에는 어색했던 그 친구가 어느새 나의 가장 든든한 아군이 되었다. 10대 때의 합리화와 40~50대의 합리화는 분명 다르다. 보다 더 복잡해지고 혼란스러워지는 현실 속에서 합리화도 더욱 세련되어진다. 오늘도 우리는 일을 하고, 책을 읽고, 이전에 하지 않았던 경험을 한다. 그 속에서 새로운 합리화의 기술을 찾는다. 새로운 양상의 스트레스와 갈등이 나타날 가능성은 언제나 있다. 그러므로 새로운 방법을 마련해두어야 한다. 새로운 균에는 새로운 항생제를 사용해야 할 것 아니겠는가.

만일 당신이 자서전을 쓰고 있다고 해보자. 이전의 갈등과 힘든 순간들도 나에게는 의미 있는 것이었다고 독자들을 설득하기를 원한다. 어떻게 해야 할 것인가. 나도 믿고 독자도 믿을 만한 인과관계를 만들어내야 할 것 아니겠는가. 그것이 우리 인생의 합리화이다. 하지만 합리화는 인생 늘그막에 자서전을 쓸 때 필요한 것이 아니다.

합리화가 필요한 순간은 지금 당장, 바로 여기이다.

그들은 왜
병원을 찾는가

중독에 빠진
사람들

우울하고 불안해서 병원을 찾는 환자들과 마주하게 되면, 합리화가 매우 다양한 양상을 띤다는 것을 알 수 있다. 너무 합리화를 많이 하는 걸 보니 정신상태가 나약한 것 같다고 스스로를 다그치는 사람들, 지금까지는 그럭저럭 합리화를 잘해왔지만 이제는 통하지 않는다고 불평하는 사람들, 기나긴 합리화의 끝에 찾아온 불안과 우울로 고생하는 사람 등 저마다 합리화를 하는 방식에 차이가 있다. 때로는

'저 사람은 왜 저렇게 합리화를 하지 않을까' 싶을 정도로 지나치게 자신을 지키지 않는 사람들도 있다. 하지만 전체적으로 보면 지나치게 강한 합리화의 과정이 병적인 수준으로 이어지는 경우를 더 많이 관찰할 수 있다.

지나친 합리화가 병리적 과정으로 이어지는 가장 대표적인 경우로 '중독장애'를 들 수 있다. 알코올중독이나 흡연, 도박, 게임중독에 빠져든 사람들의 이야기를 들어보면 그들이 자신의 중독을 합리화하기 위해 얼마나 많은 과정들을 거쳐왔는지 놀라울 따름이다. 나이와 성별, 환경과 가치관에 따라 차이는 있겠지만 대부분은 합리화를 거듭하면서 중독 행위를 수정할 수 있는 기회와 동기를 잃어버리고, 잘못된 행동에 반복적으로 빠져들게 된다. 지나친 중독의 상태에서도 그들은 자신이 심각하지 않은 수준이라고 강조하며, 본인이 마음만 먹으면 모든 문제를 해결하고 상황도 나아지리라 합리화한다. 결국 죄책감이나 자기 성찰의 기회는 저 멀리 날아가게 되고, 병식이 부족한 환자는 더욱더 중독 행위에 빠져든다.

대표적인 경우로 알코올중독을 살펴보자. 사람이 알코올에 빠져드는 원인은 다양하지만 유형은 두 가지로 나뉜다. 한 부류는 '기본적으로 술을 좋아하는 사람들'이며, 다른 한 부류는 '현실이 너무 힘들어서 술을 찾는 사람들'이라는 것이다. 술에 대한 애착이 강한 사람들은 술 이외에 스스로를 기분 좋게 만드는 방법을 모르는 경우가 많다. 따라서 재미와 즐거움을 느끼기 위해서는 술자리가 필수다. 현실 도피형의 경우는, 술을 좋아하지 않더라도 술을 마셔야지만 일상의 고통에서 벗어날 수 있기에 술을 찾는다. 일상이 우울하고 불안하지만 그나마 술을 마실 때는 고통을 잠시 잊을 수 있기에 술을 찾게 된다. 술을 이용해 기쁨과 즐거움을 적극적으로 찾으려 하는 사람들과 술을 이용해 세상만사 괴로움을 잊으려 하는 두 부류로 나뉘는 것이다.

어떠한 부류에 속하든 간에 음주의 횟수는 더욱 잦아질 수밖에 없다. 알코올의존이 병적으로 심해지면 주변의 걱정스런 반응이나 신체의 이상 신호는 더욱 심해질 수밖에 없다. 불편한 감정이 수반되면서 술을 줄이거나 끊어야겠다는 생각이 들지만 이는 쉬운 일이 아니다. 금주에 대한 생각이나 병식 없이 음주에 몰두하는 사람들도 많으니 이러한 자책감이나 못난 느낌이 생기는 것은 오히려 다행스러운 일이라 하겠다. 금주에 반복적으로 실패하면서 '나는 왜 술 하나 못 끊을까' 부정적인 마음에 빠지게 되면 이를 위로해줄 무언가가 필요하게 된다. 이때 합리화를 시작한다. '마누라가 괴롭히니까', '오늘 하루 열심히 일했으니까', '잠이 안 오니까' 등등 애주가가 자신의 음주를 합리화할 거리들은 무궁무진하다. 날씨가 화창해도 날씨가 궂어도 술 마시기에는 좋은 날이 된다. 왜 술을 마셔야 하는지를 듣는 사람도 나도 그럴듯하게 설득해낸다.

술을 끊지 못해서 생기는 자책감과 스스로에 대한 못난 느낌도 방어해낼 필요가 생긴다. 스스로를 계속 공격해봐야 좋을 것 하나 없다. 알코올의존 환자들은 주로 '환경'과 '의지'라는 개념을 활용해 스스로를 합리화해낸다. '세상이 나를 이렇게 술독에 빠져들게 만드는 거야. 빌어먹을 세상 같으니', '지금은 상황이 좋지 않아 술을 마시지만, 이 문제만 해결되면 술을 끊을 수 있을 거야' 하며 적절한 투사까지 사용해 스스로를 방어한다. 의지의 문제도 무시할 수 없다. '내가 마음을 안 먹어서 그렇지 마음만 먹으면 그깟 술 하나 끊는 건 일도 아니다'는 식의 생각이다. 의지는 있으나 의지가 생길 만한 요인도 계기도 없다는 이야기다. 나는 기본적으로 의지가 있는 사람이니 술을 못 끊는다고 해서 자신이 나약한 사람이 되는 것은 아니라고 스스로 설득한다. '그깟 술 하나쯤' 코웃음 치면서.

이러한 합리화에 실패할 경우 심하게 우울감을 느끼며 병원을 찾기도 한다. 하지만 이내 원래의 패턴으로 돌아가는 경우가 다반사다. 또다시 새로운 합리화거리를 생산하며 음주에 몰두한다. 따라서 알코올중독 치료에서는 환자 스스로가 합리화 과정을 자각하고 이러한 패턴이 중독을 심화하는 사고임을 인지

하는 것이 중요하다. 물론 이를 이해시키기도, 스스로 인지하기도 어려운 일이다. 대부분의 환자들이 강한 합리화를 인생의 가치관으로 고착시켰을 가능성이 높기 때문에 중독을 치료하기는 쉽지 않다.

실패한 합리화,
망상장애와 정신증

'누군가 나를 감시하고 있어요', '해코지당할 것 같아요', '마누라가 바람을 피우는 게 확실해요' 등 정신과 의사라면 진료실에서 자주 듣게 되는 이야기다. 이런 이야기를 들으면서 경계해야 할 지점은 이러한 이야기들을 단지 낭설로만 치부해버릴 수 있느냐 하는 것이다. 사실 어려운 문제다. 정말로 누군가에게 감시를 당하고 있고, 누군가의 음해를 받을 수도 있는 것 아니겠는가. 바람과 외도의 문제는 워낙 흔하게 일어나는 일이기에 사실 파악이 더욱 어렵다. 환자가 왜 그런 생각을 하는지 꼬치꼬치 물어보고 증거를 찾아보고, 다른 사람들의 관점도 들어보고 난 후에야 이것이 사실인지 공상인지 결론에 다다를 수 있다. 사실 그러한 결론도 100퍼센트 신뢰하기는 어려운 일이다. 나와 다른 사람들의 믿음을 벗어나는 이상한 일들도 충분히 생길 수 있는 세상이기 때문이다.

일어날 법 하지도 않으며 증거도 불충분한 일들이 일어나고 있다고 강하게 믿는 것을 가리켜 우리는 '망상'이라고 한다. 망상이 가장 잘 관찰되는 정신과적 장애를 보면 이전에는 정신분열병이라고 불리던 '조현병'이 있으며, 두드러진 망상만을 보이는 '망상장애'가 있다. 때로는 심한 조울증 환자나 신체형장애 환자에서도 망상과 같은 강한 믿음이 나타난다. 어떤 사람들은 자신의 몸에 어떠한 병원에서도 발견되지 않는 '불치병'이 있다고 믿으며, 이 불치병 때문에 자신이 말 못할 고통을 안고 있다고 이야기한다. 온갖 검사로 문제가 없다고 설명해줘도 의사의 말을 들으려 하지 않는다. 이러한 망상이나 망상 수준의 강한 믿음은 임상에서 많이 볼 수 있는 증상들의 요인이 된다.

진단을 잘해서 적절한 치료를 하는 것도 중요한 일이지만 가끔은 이러한 믿음이 생겨나게 된 배경이 궁금해질 때가 있다. 왜 저 사람은 자신이 감시를 당한다고, 누군가 자신을 해코지할 거라고 생각할까. 영화에서나 일어날 법한 일들을 왜 저토록 강하게 믿고 있을까. 왜 저렇게 헌신적인 배우자를 두고도 저 사람은 아내가 바람을 핀다고 생각할까. 천 번 만 번 결백을 주장해도 들어주지 않는 배우자를 가진 저 부인의 마음은 얼마나 타들어갈까. 어떠한 이야기도 들으려 하지 않고 이미 결론부터 내버린 저 사람의 마음에는 어떤 믿음과 증거가 있는 것일까.

타인에 대한 원인 모를 분노와 부정적인 감정,
그리고 자신에 대한 비하와 자책은
간혹 필요 이상의 망상과 통증으로 이어진다.
아픔의 원인을 적정한 수준에서 설명해내지 못했을 때
발생하는 부작용들이다.

이러한 망상과 믿음의 이면에도 강한 합리화의 과정이 작용한다. 배우자에 대한 원인 모를 분노와 부정적인 감정을 가진 사람은 외도라는 도덕적 부정을 만들어내어 자신의 분노에 걸맞는 그럴듯한 원인을 생각해낸다. 극심한 사회공포증과 같은 대인관계 곤란이나 사회적 관계에 심한 두려움을 느끼는 사람들은 가끔 피해망상이나 감시를 당하고 있다는 망상을 통해 바깥세상이 안전하지 않다는 믿음을 만들어내고, 스스로를 집 안에 가둬둔다. 심한 자기비하나 자책감에 빠져 있는 사람들 중에서도 이런 망상이 나타난다. 이렇게 못난 나를 누군가 해치려 하고 나는 그런 취급을 받을 만한 사람이라는 믿음을 통해 병적인 자책감을 더욱 강화시켜 나간다. 만성적인 신체통증에 시달리는 사람들 중 일부는 그 누구도 발견할 수 없는 질환이 내 몸속에 존재한다고 믿음으로써 내가 단순히 '꾀병'을 부리고 있지만은 않음을 설명해내려 한다. 스스로의 강한 감정이나 신체적 느낌들을 설명해내고 합리화하려는 과정이 지나치게 되면 결국 이러한 망상과 믿음이 생겨나게 된다.

적게 쓰면 약이고 많이 쓰면 독이라고 했던가. 지나친 합리화로 인해 이러한 정신병리가 발생한 것을 보면, 합리화에 대한 고정관념에도 이유는 있는 듯하다. 또한 지나친 합리화는 병원 방문의 지름길이 되는 것처럼 보인다. 스스로를 방어하기 위한 노

력들이 병적인 수준으로 발전한 사례들을 보면 안타깝기 그지
없다. 단지 스스로를 지키려 했을 뿐인데 말이다.

지극히 과학적인 사고,
합리화

인지부조화와
합리화 사이

역사상 많은 사람들이 휴거를 믿고 종말론에 인생을 걸어왔다. 몇 년 몇 월 며칠에 세상이 종말한다는 굳은 믿음은 많은 사람들로 하여금 그들의 재산과 가족을 버리게 만들고, 겸허한 마음으로 종말을 기다리든가 자신을 구원해줄 우주선을 기다리도록 만들었다. 그들의 강한 믿음은 어떠한 반박과 증거에도 흔들림 없는 굳건한, 마치 망상과 같은 믿음이었다. 하지만 세상은 멸망하지 않았고 지금도 이렇게 돌아가고 있다. 굳건한 믿음이 산산이 박살나버린 후 이들의 반응이 어떠했을지 궁금하지 않은가.

실제로 몇몇 학자들이 이러한 궁금증을 해소하기 위해 그들의 단체에 가입한 후 예고된 종말론이 어긋난 후의 반응을 관찰했다. 예고된 시간에도 세상은 너무나 평안하다. 예상되었던 대홍수나 지진, 천재지변, 우주인의 침략이나 구원 모두 나타나지 않았다. 놀랍고 당혹스러운 시간들이 지난 후 그들은 이렇게 외친다. "새로운 계시를 받았습니다. 우리의 독실한 믿음으로 인해 감명을 받은 신이 (혹은 우주인이) 우리를 구원하기로 하셨습니다. 새로운 세상이 열리는 순간입니다." 어디까지가 진실이고 어디까지가 거짓인가. 그들은 정말 새로운 계시를 받은 것일까. 굳건한 믿음이 깨어져버린 당혹스러운 순간, 그들은 새로운 논리로 믿음을 다시 이어붙일 수 있었다. 그들의 믿음은 거짓이 아니었고 이제는 새로운 믿음이 시작되는 순간이다.

가족도 재산도 버린 채 종말이라는 믿음 하나만 보며 살아왔던 이들이 종말이 이루어지지 않은 순간에 느낀 감정은 어떤 것이었을까? 살아남았다는 기쁨이 아니라 내 모든 것을 바친 굳건한 믿음이 사실이 아니었다는 당혹스러움과 고통이었을 것이다. 그 큰 고통을 그대로 받아들이기는 힘든 일이다. 무언가 자신을 지켜낼 것을 만들어야 한다. 날려버린 재산과 친구, 가족은 되찾을 수 없다. 그렇다면 내 마음을 바꾸면 되지 않겠는가? 자신의 행동을 정당화할 새로운 사상과 믿음을 만들어내면 그만이다. 그런 맥락에서 종말론에 이은 구원론은 꽤나 괜찮은 전환이다. 행동을 바꾸는 것보다는 믿음을 바꾸는 것이 훨씬 수월하다!

사회심리학자 레온 페스팅거Leon Festinger는 이러한 현상들을 유명한 '인지부조화 이론'으로 정리하여 발표했다. 사람들은 그들의 행동, 태도, 믿음이 서로 부조화 상태일 때 불편함을 느끼게 되고 이러한 불편함을 해소하기 위해 행동과 믿음을 일치시키려 노력한다는 것이다. 쉽게 이야기해서 사람들은 '몸과 마음이 따로 노는' 상태를 불편해하기에, 이러한 괴리를 바로잡고자 노력한다는 것이다. 이런 부조화 상황에서 행동을 수정하는 것보다는 믿음을 수정하는 것이 더욱 쉽다. 행동은 몸을 움직이는 것이지만 믿음의 수정은 내 머릿속에서만 이루어지면 되기 때문이다. 이 때문에 인지부조화 이론에서 사람들은 주로 그들의 믿음과 생각을 수정하여 행동과 일치시킴으로써 고통에서 벗어나고자 한다.

이미 저질러버린 행동을 주워 담을 수 없는 종말론자들은 종말에 대한 그들의 믿음을 수정시켜 그들의 행동을 정당화했다. 포도를 따 먹기를 갈구하나 실제 행동으로 옮기지 못하는 여우는 그 행동을 정당화시키기 위해 먹음직스런 포도를 신포도라고 믿었다. 시험을 잘 보고 싶었으나 실제로 그렇게 하지 못한 학생은 저조한 성적의 결과를 시험의 난이도 때문으로 돌려버린다. 행동이 적절히 설명이 되기에 더 이상 마음의 불편함은 없다. 모든 것들이 머릿속에서만 이뤄진 것들이다. 따지고 보면 우리도 매일 이러한 인지부조화 이론의 그늘 안에서 살고 있다. 행동과 믿음의 괴리를 메우기 위해 하루에도 수십 번씩 스스로의 행동을 해석하고 설명한다.

'인지부조화'와 '합리화' 사이에 큰 괴리가 있다고 보이지는 않는다. '합리화'라는 그다지 좋지 않아 보이는 자기방어의 방식이 '인지부조화'라는 새로운 옷을 입으니 무언가 느낌이 달라지는 듯하다. 인지부조화는 많은 행동과학과 심리학의 분야에서 수많은 실험과 검증을 통해 인간의 일반적인 본성으로 증명되었다. 그렇기 때문에 '이론'이라는 명찰을 달고 나올 수 있는 것이다. 합리화는 심리학과 행동과학의 오랜 역사에서 검증된 인간의 자연스런 행동인 것이다.

설명하려 하는
뇌

우리는 인과관계에 익숙하다. 어떤 일이 생기면 그에 대한 원인을 파악해야 한다. 벌어진

일에 대한 그럴듯한 설명을 해내는 일은 진료실에서도 비일비재로 일어난다. 우울증이 발생한 이유가 무엇인지, 그 일이 왜 그렇게 스트레스였는지, 잠은 왜 그렇게 못 자는지… 필연적으로 이런 질문들의 해답을 찾아야 하는 정신과 의사는 마치 '탐정'과도 같다. 여러 가지 증거와 상황 속에서 항상 적절한 진단을 도출해야 하고, 증상과의 인과관계를 찾으려 노력한다. 심리학은 영상학 검사나 혈액검사와 같은 검사들을 활용하는 데 제한이 있기 때문에 더더욱 그렇다.

우리 뇌가 무언가의 원인을 찾고 설명해낸다는 것은 그 구조만 살펴봐도 알 수 있다. 잘 알려진 것처럼 뇌는 좌뇌와 우뇌로 나누어지고, 각각의 뇌는 뇌량으로 연결되어 있다. 뇌량은 우뇌와 좌뇌의 활동들을 잘 연결해 양 뇌가 균형 있게 활약할 수 있게 돕는다. 이 중 좌뇌는 언어기능의 중추적 역할을 한다. 생각하고 대화하며 상대의 이야기를 이해하는 활동은 좌뇌를 중심으로 이루어진다. 이 때문에 언어적 기능에서 파생되는 고도의 인지적 기능도 좌뇌에서 담당한다. 인과관계를 유추하고, 행동의 계획을 짜고 치밀한 논리를 세우는 것 모두 좌뇌에서 담당하는 역할이다.

때문에 좌뇌에 문제가 생기면 이러한 기능들을 적절히 수행할 수 없게 된다. 외상으로 인해 좌뇌에 손상을 입거나 좌뇌에 뇌졸중이 발생한 환자들은 언어적 기능의 저하를 보이게 되며, 고차원적 사고 기능도 떨어지게 된다. 인과관계를 찾고 상황에 대한 설명을 해내려는 능력도 저하된다. 인지부조화 상태를 해결할 수 있는 능력이 저하되는 것이다. 반대의 경우도 있다. 좌뇌의 강한 활동을 우뇌가 적절히 조절해줘야 하는데, 만일 우뇌에 뇌졸중이나 외상이 나타나는 경우엔 이런 견제 활동을 제대로 수행할 수 없게 된다. 좌뇌의 활동을 통제하지 못하게 되면 좌뇌의 인지적 활동이 역치 수준 이상으로 넘어가버린다. 때문에 이런 환자는 강한 망상이나 상황에 맞지 않는 논리를 내세우는 모습을 보이게 된다.

뇌졸중으로 우뇌가 손상된 환자는 보통 왼쪽 편마비가 발생하게 된다. 만일 왼팔이 들리지 않는 우뇌 손상 환자가 '이 팔은 내 팔이 아니야'라며 편마비 증세를 받아들이지 않으려 한다면, 이를 단순히 '부정'의 방어기제를 사용하는 것으로 볼 수 있을까? 사실 이 환자는 편마비의 불편한 상황을 좌측 뇌를 통하여 설명하려고 한다. 자신의 팔이 아니라는 믿음을 통해 곤란한 상황을 스스로 설득해내는 것이다. 신체적 망상을 보이는 경우이지만 이렇게 생존한 좌뇌는 스스로의 핸디캡을 설명해내고자 무던히 애를 쓴다.

좌뇌가 건강하다면 문제가 생겼을 때 이를 해석하려 노력하는 것은 당연하다. 인지부조화라는 행동과학의 이론이 좌뇌의 활동이라는 뇌 과학의 분야로 설명될 수 있는 것이다. 우리가 fMRI(기능적 자기공명영상) 기계 속에 들어가서 오늘 있었던 기분 나빴던 무언가를 합리화하고자 노력한다면, 아마도 우리 좌뇌의 활동이 급격히 증가됨을 확인할 수 있을 것이다. 나만 합리화하는 것이 아니다. 합리화는 보편적인 이론이고, 합리화는 뇌 활동의 결과물이다. '어쭙잖은 합리화'에도 과학이 담겨져 있다. 우리 모두의 머릿속에는 철학자, 소설가가 존재한다.

좌뇌가 이성적인 활동을 담당한다고 해서 항상 이성적인 결과물을 내놓기만 하는 것은 아니라는 점을 명심할 필요가 있다. 나에게는 그럴듯한 설명이 되지만 타인들에게는 턱도 없는 이야기일 수도 있다. 지구 멸망을 믿은 사람들이 새로운 논리로 스스로를 다시 설득하는 데 성공한다고 하더라도, 타인들에게는 조소와 비웃음을 살 뿐이었다. 우리의 합리화도 그렇다. 나도 만족시키고 남도 설득시키는 합리화를 도출하기는 쉽지 않다. 합리화의 과정은 과학이지만, 합리화의 결과물까지 과학적일 수는 없다. 많은 망상과 비현실적 믿음들이 그렇게 파생되어 나타난다.

모든 것이
나의 탓일 수는 없다

현실을 사수하는
방패로서의 합리화

김동인의 〈발가락이 닮았다〉
라는 소설이 있다. 이 단편은 합리화의 전형적인 예를 보여준다. 젊은 시절 방탕한 생활로 생식기능 상실이 의심되는 M은 스스로의 성적 능력에 의구심을 품은 채 혼인을 올린다. 그러던 중 부인이 임신을 하자 외도를 한 것이 아닐까 M의 불안감은 커져만 갔다. M은 주인공 의사에게 자신의 갓난아이를 데리고 찾아와 가운데 발가락이 긴 것이 자기와 닮았다고 애써 웃으며 이야기한다.

 단지 믿음을 유지하는 것이 중요한 사람들이 있다. 가치관도 인생에 대한 믿음이 모여서 형성되는 것 아니던가. 단단하게 다져진 땅처럼 서서히 굳은 한 사람의 믿음과 가치관은 그 사람의 인생 자체라고도 볼 수 있다. 자신을 지탱하는 신념이 흔들리는 것은 그 사람의 삶 자체가 위태로움을 의미한다. 모두들 자신의 신념을 더욱 지켜나가기를 원한다. 달면 삼키고 쓰면 뱉는 것처럼 나의 신념을 공고히 유지해줄 수 있는 증거들만을 찾으려 하고, 해가 될 수 있는 증거들은 버리고 무시하려 한다. 버릴 수 없다면 내 구미에 맞는 형태로 바꾸려 할 것이다. M은 자신의 남성적 자존감과 아내의 정절을 모두 지키기 위해 필사적으로 자신과 아이의 닮은 구석을 찾았던 것이다.

 세상을 향한 우리의 믿음이 100퍼센트 옳을 수는 없을 것이다. 우리는 완벽한 사람이 아니기에 언제나 진실을 추구하고 무언가를 배우려 하며, 그러한 진실과 배움을 토대로 스스로의 믿음을 수정해 나간다. 자신을 더 나은 사람으로 만들기 위해 발전하고 변화하려는 것은 많은 이들에게 도움이 될 수 있다. 하지만 자신의 믿음이 잘못된 것임을 직면하는 것은 몇 배로 더 어렵고 고통스러운 일이다. 겸허히 자신의 부덕과 경솔을 받아들이는 일은 쉽지 않다. 바꾸는 것보다는 유지하는 것이 더 쉽다. 그렇기에 우리는 자신의 믿음에 반하는 증거를 대면하는 것보다는 믿음을 뒷받침해주는 증거들을 더 신뢰한다. 마치 그 증거들이 내가 옳은 사람임을 증명해주기라도 하는 것처럼.

이 같은 현상은 진료실에서도 흔하게 일어난다. 삶이 너무나 힘들었던 사람들에게 "이렇게 살아와서 힘든 거 같으니 저렇게 살아보세요" 조언하더라도, 좀처럼 '저렇게' 살려 하지 않는다. 인생을 점차 나락으로 끌고 가는 듯 보이는 삶의 패턴을 포기하려 하지 않는다. "다른 방식으로 사는 게 너무 두려워요. 삶의 방식을 바꿨다가 어떤 일이 일어날지 모르니까요." 힘들더라도 익숙한 삶을 택하는 사람들. 보수는 변화를 두려워한다. 어떤 면에서 우리는 모두 보수적인 사람들이다.

일상이 힘든 환자들도 자신의 삶의 태도를 바꾸길 원하지 않는 마당이니 보통의 사람들이야 말할 필요도 없다. 나이가 들수록 이러한 견고함은 더 깨기 어려워진다. 하지만 삶의 경험이 쌓여갈수록 신념과 어긋나는 상황들은 더 자주 발견하게 된다. 내 삶의 철학에 반하는 일들은 도처에 깔려 있다. 어떻게 이러한 자극들에 대처할 것인가. 나에게 동화시키면 된다. 세상에 검은색밖에 없는 줄 알았는데 저기에 흰색이 있다. 혼란스럽다. 어떻게할 것인가? 그냥 그리로 가서 내 검은색으로 그 흰색을 칠해버리면 된다. 이런 간단한 방법으로 나의 믿음을 굳건하게 유지할 수 있게 된다.

하얀 세상을 받아들일 용기와 유연함이 없을 때, 변화를 거부할 적절한 명분으로 합리화만큼 좋은 것이 없다. 합리화는 상황을 그럴듯하게 꾸미며 당면한 순간을 모면하게끔 한다. 마치 구렁이 담 넘어가는 듯하다. 합리화는 아직 일어나지 않은 미래의 순간을 담보한다. 내가 변화할 경우 그 미래가 '비관적이며 우울할' 것이라 경고한다. 합리화는 쓸데없는 에너지를 쓰지 않게 만든다. 내가 변화해도 달라질 것은 아무것도 없을 거라며 충고한다. 합리화는 주로 내 의지나 내 생각보다는 환경의 문제를 지적한다. 못난 것은 내가 아니라 이 세상이라고 지적해준다. 변하는 게 좋을 것 같지만 지금은 좋은 때가 아니라고 위로해준다. 더 좋은 기회가 올 때까지 기다려보자고 말한다. 훗날 그 미래가 현재가 되었을 때, 다시 새로운 미래를 이야기하면 그만이다.

변화를 두려워하지 말라고 하지만, 사실 변화는 두렵다. 믿음을 바꾸는 일도 어려운데, 행동을 바꾸는 일은 말할 것도 없다. 하지만 우리는 변화를 외면할 정도로 '용기가 없거나 의지박약한 사람'이 되고 싶지는 않다. 우리가 합리화를 찾는 이유다. 나이가 들수록 합리화를 더 많이 하는 것은, 나이가 들수록 더욱 더 변하지 않으려 하기 때문일지도 모른다.

삶이 지속될수록,
세계에 대한 우리의 관점은 점점 더 확고하고 단단해져
더는 타협과 협상이 힘들어질 때가 온다.
그때마다 상대를 무찌르고 우리의 주장을 관철시킬 것인가?
그저 나의 관점에서 덧칠해버리는 것, 그 정도면 충분하다.

완벽을 요구하는 것들을
향한 대답

일이 잘 풀리지 않을 때, 무언가를 혼자 힘으로 할 수 없을 때 우린 본능적으로 그 문제를 자신의 자존감과 연관 지으려 한다. '내가 못나서 그렇다', '다 내 탓이다' 생각한다. 포도를 못 따먹는 여우는 자신의 낮은 신장과 나무도 오르지 못하는 운동능력을 탓한다. M은 생식 능력에 문제가 있다는 생각 탓에 부인의 외도를 의심한다. 합리화는 낮은 자존감과 자책감에 빠진 이들을 "그건 네 탓이 아니야"라며 친절하게 토닥여준다. 합리화는 나에게 벌어진 골치 아픈 상황이 타인의 문제이거나 환경 때문일 수도 있음을, 아니면 문제조차 되지 않음을 일러준다. 합리화가 그들의 자존감을 구원해주는 것이다.

위태로운 가정에서 자란 위태로운 아이들은 어려서부터 만성적 우울과 불안, 불안정성을 키우며 자란다. 부모의 반복되는 폭언과 비난 속에서 스스로를 가치 없고 못난 사람으로 여기며 자라게 된다. 결국은 모든 것이 내 탓이 된다. 내가 잘 지내지 못하고 우울한 것도 내가 못난 탓이고, 심지어 내 주변 사람들의 불행도 내 탓으로 여긴다. 자신이 불행한 기운을 타고난 사람이기 때문에 주변 사람들에게도 피해를 줄 것이라 생각한다. 결국 스스로를 더욱 고립시키면서 우울함에 빠져들게 된다.

사람은 자신의 부모를 선택할 수 없다. 불행한 환경에서 자란 것은 개인의 허물이 아니다. 영화 〈굿 윌 헌팅〉에서 로빈 윌리엄스는 불행한 반항아 맷 데이먼에게 "너의 잘못이 아니야It's not your fault"라고 토닥이며 그의 마음을 연다. "그건 너의 탓이 아니야. 넌 아무에게도 해를 끼치지 않았어. 그건 너의 부모, 너의 환경, 너의 상황 탓이지 너의 잘못은 없어. 그러니 스스로를 자책하지 마라. 넌 그렇게 가치 없는 사람이 아니다." 부모의 허물과 스스로의 자존을 분리시킬 수 있도록 도왔던 것이다.

우리에게도 이런 토닥임이 필요하다. 일과 가정, 우리를 둘러싼 모든 환경에서 우리는 소소한 실수와 불능, 자책에 엉킨 삶을 살아간다. 해야 할 일을 잘하지 못하고, 괜히 남들과 비교되고, 스스로 못났다는 생각이 들 때 '그건 네 잘못이 아니야' 토닥이는 말 한마디의 존재감이 얼마나 크겠는가. 하지만 항상 나를 따라다니며 내가 상심할 때마다 위로를 건네줄 존재가 우리 주변에는 없다. 그렇기에 우리는 이런 달콤한 위로를 스스로 만들어내야 하고, 그 위로의 레시피는 바로 합리화이다.

"잘 되면 내 탓, 안 되면 조상 탓"이라는 속담을 보면 우리의 선조들도 꽤나 합리화를 하며 살아왔던 것 같다. 우리에게 일어나는 모든 일이 잘 풀릴 수는 없다. 이전과는 비교할 수 없을 정도로 많은 일을 해내야 하고, 더 많은 요구사항에 맞춰 동시에 몇 가지 일들을 처리해야 하는 것이 현대인의 숙명이다. 남자도 여자도 슈퍼맨, 슈퍼우먼이 되기를 강요당하는 세상이다. 그토록 열심히 살면서도 가정에 소홀하다고, 일을 더 잘 할 수 있는데 못한다고 자책하는 많은 사람들이 있다. 사람들의 능력치는 몰라보게 발전했지만, 기대치는 이미 능력치를 넘어버린 지 오래다. 이 간극을 어떻게 좁힐 것인가. 좁힐 수는 있을까. 몸이 세 개라도 모자랄 지경이다.

의무와 책임과 기대치로 가득한, 따라서 뭐 하나 성공적으로 해내기에도 빠듯한 이 세상은 합리화가 만연하기에 적합한 세상이다. 안 되는 것을 다 내 탓으로 여기며 사는 삶은 피곤하다. 그렇게 계속 살아갈 수도 없다. 괴물 같은 세상에서 생존하려니 매일매일 합리화를 하며 살 수밖에 없다. '내 잘못이 아님을, 모든 게 세상 탓임을' 어떻게 해서든 끊임없이 들을 필요가 있는 것이다.

당신에게는
합리화가 필요하다

행복을 가져오는
합리화라는 마법

우리는 항상 무언가를 원한다. 어떠한 물건을 갖고 싶고 어떠한 존재가 되고 싶으며 맛있는 음식을 맛보길 원한다. 원하는 것이 있으면 가지고 싶은 것이 사람 마음일진데, 무언가를 소유하는 일이 항상 가능한 것은 아닐테다. 때론 우리가 원하는 것들을 가질 수 있으며, 때론 소유에 실패한다. 원하는 것을 가지게 되었다고 하더라도 상황이 종료되지는 않는다. 그토록 원한 것이었지만 막상 소유해보니 만족스럽지 않은 경우도 많다. 이러려고 그토록 손에 넣고 싶어했나 자책하기도 한다. 정리해보면 우리가 무언가를 원할 때 크게 세 가지 상황이 나타날 수 있는데, 하나는 원하는 것을 가지지 못하는 상황, 하나는 원하는 것을 가졌지만 만족스럽지 못한 상황, 마지막 하나는 원하는 것을 얻었고 이것이 매우 만족스러운 상황이다.

원했고, 가졌고, 만족한다면 더할 나위가 없다. 기쁨과 승리감에 도취될 만한 상황이다. 하지만 실제로 이러한 일들이 발생하는 경우는 그리 많지 않다. 원하는 것을 모두 다 가지기도 어려우며 원했던 것이 실제로 내가 생각했던 것과는 딴판인 경우도 많다. 희열에 빠지기보다는 슬픔과 후회에 잠길 가능성이 더 높다. 이럴 때 우리는 합리화를 통해 스스로를 보호하려 한다. 우리가 어떤 무언가를 원한다면 그것을 가지고 만족하지 않는 한 합리화를 찾을 수밖에 없다는 이야기다. 남들이 가진 것은 우리도 가지고 싶고, 남들이 가지지 못한 것을 통해 우월감을 느끼고 싶은 것이 사람 마음이다. 아무런 욕심도 번뇌도 없는 도인이 아닌 한 우리는 무언가를 지속적으로 욕망할 수밖에 없다.

원하는 것을 가지지 못할 경우, 우리는 일반적으로 합리화를 한다. 여우와 신포도 이야기가 딱 이런 경우다. '저런 것 따위 없어도 괜찮아. 사실 나에게 그리 필요하지도 않아' 생각하면서 스스로를 달랜다. 여우처럼 원하는 무언가에 실은 큰 흠이 있을 것이라고 더욱 적극적으로 합리화할 수도 있다. 누구도 저런 물건 하나 가지지 못한 내가 못난 놈이라 스스로 상처주기를 원하지 않을 것이다. '돈이 인생의 성공을 담보하지는 못한다', '소유와 행복은 별개이다'와 같이 소유욕을 경계하는 요즘 세상에서 이런 신포도형 합리화는 더욱 각광받는다. 그리 핑계처럼 들리지도 않는다. 원하는 것을 손에 쥘 수 있는 타인을 탐욕스러운 사람으로 만들어버리기까지 하면서 스스로의 신포도형 합리화를 더욱 공고히 만들어간다.

원하는 것이 마음에 들지 않는 경우에는, 좀 더 광범위한 합리화가 이루어진다. 마음에 들지 않는 현실을 부정하려 자기 최면을 걸기도 하고, 기왕 발생한 현실을 긍정적으로 받아들이려 노력하기도 한다. 만약 큰 맘 먹고 비싼 음식을 먹으러 왔는데 맛이 없다면, 맛이 없다는 현실을 인정하고 싶지 않을 것이다. 이럴 때 우리는 '내 혀가 너무 싸구려라 이런 비싼 음식이 무슨 맛인지 잘 느끼지 못하는 걸 거야' 생각하면서 숨겨진 맛을 찾기 위해 온갖 애를 쓴다. '처음에는 이상했는데 먹다 보니 정말 맛있더라. 역시 맛집은 다르다'면서 스스로를 설득시킨다. 최면이 안 먹힌다면 '내가 언제 이런 델 와보겠어. 맛은 별로라도 분위기는 좋아서 가족들이 좋아하네'라고 긍정적 요소를 찾는다.

원하지 않는 상황에 빠졌을 때도 합리화를 찾는다. 한 시간에 한 대 오는 버스를 놓쳐버려 목적지까지 걸어가게 된 사람이 가장 쉽게 하는 행동이 '운동도 되고 좋네'라고 스스로를 설득하는 일이다. 하기 싫은 일을 해야 하는 경우, 먹기 싫은 것을 먹어야 하는 경우, 보기 싫은 사람을 만나야 하는 모든 경우에도 우린 이런 방식의 합리화를 한다.

우리가 원하는 대로 일이 술술 풀리는 경우는 매우 드물다. 원하는 경우보다는 원하지 않는 경우가 더욱 흔히 생긴다. 하루 중에는 기쁜 일보다 짜증나는 일들이 더 많이 생긴다. 사람들은 오늘 하루 즐거웠던 일들은 잘 기억하지 못하면서 스트레스 받았던 일들은 기막히게 기억해낸다. 좋은 일이 생기기보다는 원치 않는 일이 더 많이 생기기에 항상 합리화를 옆에 대기시켜야만 한다. 달면 독이요 쓰면 약이다. '하늘이 내 대인공포증을 없애주려고 오늘 이렇게 싫어하는 사람들을 많이도 만나게 하시는가 보다' 생각하면서 원치 않는 상황을 극복해내는 것이다.

바람, 소망, 만족, 회피 같은 일상의 모든 감정은 합리화와 연결되어 있다. 사람은 동물처럼 잘 먹고 잘 자기만 하면 되는 생물체가 아니다. 단순히 의식주뿐만이 아니라 자신을 만족시키기 위한 수많은 물질들을 원하고, 예상 못한 다양한 상황에서 만족과 불만족을 경험한다. 불필요한 상황과 수없이 마주치기도 한다. 밥만 먹고 살 수는 없기에, 호불호가 너무도 많기에, 우리에게는 합리화가 절실하다.

행복의 합리적인 근거를 만드는 과정

합리화의 사전적 의미를 찾아보면 다양한 내용이 나오는데 그중 '일체의 우연을 배제하고 논리적 필연에 의하여 대상을 구성하는 일'이라는 해석이 있다. 한마디로 인과관계를 규명하고 이유를 찾는 과정이라는 설명이다. A라는 사건이 생긴 데에는 그만한 이유가 있을 것이다. 내가 B라는 말을 하는 것은, 저 사람이 C라는 행동을 하는 배후에는 이러이러한 이유가 있다. 합리화는 이유를 규정하는 과정이자 논리적으로 설명하는 과정이다.

내가 시험을 못 친 이유, 이 식당이 맛이 없는 이유, 여우가 포도를 따먹지 않은 이유 등 합리화는 이유와 밀접히 관련된다. 누구나 이유가 궁금하다. 나도 궁금하고 저 사람들도 궁금하다. 그럴듯한 이유를 만들어내어 저 사람들을 설득시켜야 한다. 아니 우선 나부터 설득시켜야 한다. 내가 듣기 그럴듯해야 저 사람들을 설득시킬 것 아닌가. 또한 저 사람이 저런 행동을 하는 이유를 만들어내야 한다. 나를 기분 나쁘게 하는 행동이 사실 아무런 이유 없이 '그냥' 이루어진 행위라면, 나를 더욱 비참하게 만들 것이다.

사람들은 기본적으로 불확실성을 싫어한다. 이성을 추구하는 사람들의 뇌, 이유를 설명하려는 좌뇌의 활동은 제쳐두더라도 사람들은 어두운 세상에 머물기를 바라지 않는다. 세상에서 발생하는 모든 현상들을 설명하기 위해 과학은 발전해왔다. 과학으로 설명할 수 없는 것들은 신의 힘을 빌어 설명하고자 한다. 세상이 우주 대폭발로 생겼는지 신이 빚은 건지는 명확하지 않을지 몰라도, 어쨌든 이것은 천지창조의 이유가 된다. 1+1=2 는 당연한 것이지만, 태초의 사람들은 그 이유를 찾고자 했다. 원인을 발견하고 찾아내고자 하는 사람들의 욕구가 현재의 세상을 만들었다.

이처럼 인과관계를 찾는 것은 사람의 본능이다. 본능을 이성의 통제 아래 두는 성인기가 되면 이러한 활동이 더욱 커진다. '그냥'이라는 말은 통용되지 않는다. 세상에 우연은 없다. 이유를 만들어내야 내 마음도 너의 마음도 편해진다. 이유를 만들어내는 것은 옳고 그름의 문제와도 연결된다. 인과관계가 설명된다면, 누가 흑이고 누가 백인지도 구분할 수 있다. 사람들은 분명한 것을 좋아한다. 권선징악, 주인공이 해피엔딩으로 끝나는 영화나 드라마를 원한다. 관객이 알아서 추측하게 만드는 열린 결말을 보고 싶어 하지 않는다. "이게 뭐야"라면서 투덜거리고, 악평을 늘어놓을 것이다. 원인과 결과를 연결 지을 수 있다면 누가 잘하고 누가 잘못했는지도 설명할 수 있을 것이다. 내가 선이고 네가 악이면 된다. 아니 그 반대여도 괜찮다. 대부분 사람들은 선도 아니고 악도 아닌 모호한 주인공을 원하지는 않는다.

문제는 바로 여기에 있다. 세상 모든 일에서 원인을 찾을 수 있는가. 좋은 놈 나쁜 놈으로 세상 사람들을 칼로 무 자르듯 나눌 수 있을 것인가. 세상에는 모호한 것들이 너무 많다. 흰색도 검은색도 아닌 회색빛의 일들이 도처에 깔려 있다. "너는 나를 왜 좋아하니?"라는 질문은 이상하다. 감정에 어떠한 원인을 강요하는 것 자체가 우스운 일 아니겠는가. 누군가 자신을 좋아하는 이유를 물어보게 되면 당황스럽다. 그때부터 이유를 찾는다. 착해서, 눈이 예뻐서, 우리 엄마 닮아서. 필요가 감정의 이유를 만들어낸다. 그런 이유들이 좋아하는 감정을 제대로 설명해줄 수 있을지 알 수 없다. 이유 없이 그냥 널 좋아한다고 이야기하는 것이 나에게는 훨씬 설득력이 있는 말이라고 하더라도, 상대방은 이유를 듣고 싶어 한다. 이유가 있어야만 감정에도 설득력이 있단다. 뭐 어쩌겠는가.

세상 모든 일들이 흑백논리로 이루어지지는 않는다. 하지만 사람들은 좋은 사람과 나쁜 사람을 가리고 싶어 한다. 영화처럼 주인공과 악당을 필요로 한다. 하지만 세상은 때로는 좋기도 때로는 나쁘기도 한, 전반적으로 괜찮거나 전반적으로 맘에 들지 않는 사람들로 이루어져 있다. 두 가지 색깔만 가지고는 세상의 다채로움을 표현해낼 수 없다.

불확실함을 인정하고, 세상 모든 일에 이유가 있지는 않으며, 너무나 다채로운 사람들이 많음을 이해하고 인정한다면 우리가 합리화를 할 일들이 많이 줄어들 것이다. 하지만 우리는 그것을 원하지 않는다. 머리로는 이해하더라도 마음이 받아들이지 않는다. '비이성적'인 마음을 유지하기 위해 '이성적'인 합리화를 하는 것이다. 내 이성과 지식을 모두 모아 그럴듯한 이유를 만들어낸다. 이유를 찾는 사람들의 본능이 사라지지 않는 한, 합리화는 지속될 것이며 인과관계를 찾아내려는 노력도 지속될 것이다.

chapter 3

상처받지 않는 것들의 비밀, 자기합리화

행복을 위해
마땅히 사용해야 할 사고법

우리가 합리화를
하지 않는다면

이쯤에서 우리가 되짚고 넘어가야 할 사실은 합리화가 방어기제의 하나라는 것이다. 앞에서 언급했듯 방어기제는 우리가 스스로를 보호하기 위해 사용하는 방법이다. 물론 '미성숙하다, 신경증적이다'와 같은 불명예스러운 꼬리표가 따라붙는 경우가 많지만 방어기제는 자신을 보호하려는 적극적인 시도다. 벌이 날아들 때 몸을 움츠리는 것처럼 우리는 내 마음을 다치게 하지 않기 위해 다양한 방어기제를 적극적으로 사용한다. 스스로 예방하고 치료도 하는 등 우리 마음의 의사로서 역할을 한다.

세상이 점점 스스로를 엄격하게 대하길 원하고 있다. 구차하게 변명하는 것은 잘못되었으며 말보다는 행동으로 보여주기를 원하는 세상이다. 구체적으로 무엇을 잘못했는지, 앞으로 어떻게 할 건지 계획을 세우기를 원한다. 마음이 다치는 것은 당연한 일이다. 세상은 내면의 상처를 적극적으로 받아들이기를 권유한다. 상처로 인해 더 나은 사람이 될 수 있다고, 자신을 발전시키기 위해 더욱 상처를 받으라고, 당신은 잘난 게 하나 없는 사람이라고, 항상 남들에게 배우라고 다그친다.

하지만 이런 권유와 충고는 때로 너무 가혹하다. 우울과 불안은 아랑곳없이 발전만을 강요한다. 진료실에서도 스스로에게 모진 잣대를 적용시키는 많은 사람들을 목격한다. 그들은 스스로에게 냉철하고 엄격하며, 잘하는 게 없다며 평가절하하고, 타인을 부러워하며 극한 우울 속으로 빠져든다. 그 속에 나를 지키고자 하는 노력은 없다. 무방비 상태로 심리적 공격들에 제 몸을 노출시킨다. 상담을 하다 보면 "나를 변호하는 게 무슨 소용이 있나요. 난 변호받을 자격도 가치도 없어요" 절망의 절벽으로 스스로를 몰아세우는 사람들을 자주 보게 된다. 브레이크를 걸기 어려울 정도이다.

치료는 수동적으로만 이루어질 수 없다. 정신과적 치료는 수술대에 누워서 의사의 집도를 기다리는 환자의 심정으로 이루어질 수 없는 것이다. 협력적 관계 속에서 서로가 할 수 있는 것들을 해 나가야 한다. 치료자는 내담자가 올바른 생각과 행동을 해 나갈 수 있도록 격려와 가이드라인을 제시하고, 그 가이드 속에서 내담자 스스로의 인내와 노력이 필요한 것이다. 내담자 스스로 노력해야 할 여러 가지 덕목들이 있겠지만, 우선 더 이상 상처 속에 스스로를 노출시키지 않는 것이 중요하다. 쏟아지는 포화 속에서 일단은 몸을 숨겨야 다음 행동들을 도모할 수 있는 것이다.

나의 발전을 위해서, 성숙한 인격의 함양을 위해서 타인의 공격과 나의 실수에 비탄과 좌절만을 느끼는 사람의 예후는 어떨까. 뾰족한 자갈만이 깔려 있는 길을 맨발로 걷는, 수고로운 고행을 감내하는 사람은 어떻게 될까. 아마도 그 사람은 더욱 단단하고 튼튼한 발, 어떤 고통에도 대처할 수 있는 인내력을 원하기에 기꺼이 그러한 일을 경험할지 모른다. 하지만 걷기 시작한 후 머지않아 발에서는 피가 넘쳐흐를 것이며, 감염이 되어 열나고 붓고 고통으로 인해 제대로 걷기 힘든 상황이 올 것이다. 나를 성숙하게 만드는 일이라 생각했지만 상처만 커졌을 뿐이다. 후유증으로 인해 제대로 걷지 못할 상황이 생겨버렸지만, 후회는

늦었다.

　너무 도덕적으로 살아갈 필요는 없다. 교과서에 나오는 것만이 정답은 아니다. 우리 모두가 숭고한 종교인의 자질을 가지고 있는 것이 아니다. 스스로를 모질게 채찍질하는 것이 당장은 고통스러울지라도 나중에는 나를 살찌게 할 거라고? 하지만 당장의 고통은 어떻게 책임질 것인가. 채찍질이 나를 더 나은 사람으로 만들 거라는 보장을 어떻게 할 것인가. 발전과 성숙은 과연 고통을 통해서만 가능한 것일까. 많은 환자들처럼 고통을 피하려 노력조차 하지 않으려는 것을 어떠한 시선에서 바라보아야 할까.

　합리화는 그러한 고통에서 나를 지킬 수 있게 해준다. 이것이 정말이지 '어쭙잖은' 것일지라도, 궁여지책에 불과한 것일지라도 고통의 순간에 나를 지켜주는 것은 그 하찮은 합리화이다. 고통에 노출되는 것도 버릇이다. 가랑비에 옷 젖는 것과 다를 바 없다. 사소한 고통들이 하나하나 모여 어느샌가 나를 괴롭히는 커다란 거인이 되어버린다. 습관처럼 나를 자책하고 비난하는 행동이 지금 당장은 괜찮아 보이더라도 헤어나기 힘든 후유증을 남길 수 있다. 순간의 자책으로 자존감 전체가 흔들리지는 않겠지만, 티끌 모아 태산이 되기에 자책의 누적은 잘난 나를 못난 사람으로 바꿀 수도 있다.

고통을 견디는 것만이 능사는 아니다.
최소한의 방어막도 없이 모든 화살을 맞아내는 것만이
성숙의 길인 것처럼 여겨지는 것은 잘못됐다.
습관적인 자책보다는 습관적인 방어와 수비가
더 나은 나를 만드는 지름길이다.

습관적으로 자책하는 것보다는, 습관적으로 나를 변명하는 것이 더 낫다. 상황에 따라 다르기는 하겠지만, 합리화가 도덕적으로 책망받을 일만은 아니다. 나무에 달려 있는 것이 신포도라고 스스로를 설득시키는 여우를 누가 책망할 수 있겠는가? 여우는 그 순간에 자신을 지키기 위한 최고의 선택을 한 것이다. 스스로를 지켜낸 훌륭한 사고를 했을 뿐이다.

어른이라면 사용해야 할
방어의 기술

부정이나 투사, 분리 같은 원초적인 방어기제들을 사용한다고 해서 크게 지탄받지 않는다. 말기암을 선고받은 환자가 "그럴 리 없어. 이 돌팔이 의사야" 외치며 현실부정에 빠지는 것에 돌을 던지는 사람은 없다. 미운 놈 떡 하나 더 주는 반동형성, 세상을 흑과 백으로 나누는 분리 같은 것들은 너무나 당연한 본능 같아서 사람들은 그러한 반응을 당연하게, 그럴 만한 것으로 받아들인다. 이러한 원초적인 방어기제를 대하는 우리의 태도는 마치 갓난아기 다루는 듯하다. 어린아이가 충동적이고 비이성적으로 행동하는 것을 당연한 것으로 여기고 관대하게 대하는 태도로 원초적 방어를 대한다.

반면 합리화를 대하는 우리의 태도는, 마치 미성숙한 행동을 저지른 청소년이나 성인을 대하는 느낌이다. '다 큰 애가 그런 행동을 하니', '나잇값도 못하는 사람 같으니라고'와 같은 시선으로 유독 합리화에 대해서는 엄한 잣대를 적용한다. 현실 부정의 경우 그만큼 고통스러운 상황에 처했기 때문에 용인해줄 수 있겠지만, 합리화에 대해서는 '그렇더라도 변명은 하지 말아야 한다'는 식이다. 형과 동생이 싸우면 이유 없이 형을 비난하고 "나이 든 네가 잘못한 거야" 힐난하는 부모처럼 사람들은 합리화를 '못난 형'의 이미지로 대한다. 합리화는 그렇게 미성숙함의 대명사처럼 여겨진다. 나름대로 머리를 짜내어 만들어낸 합리화의 과정과 내용은 철저히 외면당한다. 합리화는 자기발전을 도모하지 않는 게으름뱅이가 만들어내는 자기 방어일 뿐이라는 느낌도 준다. 보통은 성숙한 어른이 할 만한 행동이 아니라는 태도로 합리화를 대한다. 합리화의 입장에서는 참으로 억울한 일이다.

이제부터라도 합리화에 대한 엄격한 시선을 좀 느슨하게 만들어 볼 필요가 있다. '성인으로서 유용하게 사용할 수 있는 방어기술'의 하나로 합리화의 지위를 격상할 필요가 있다. 합리화가 모두 남 탓이나 책임 회피, 변명으로 이뤄진 것은 아니다. 충분히 '이성적'인 활동으로 인정할 만한 면면이 있다. 우리의 세련된 이성의 힘과 지식을 동원하여 유용한 합리화를 만들어낼 필요가 있다. 그리 미성숙하거나 원초적이지 않고, 때와 장소에 따라서 다양한 내용들을 만들어낼 수 있는 것이 합리화의 장점이다. 단순히 잘못된 내용을 상대방의 탓이나 허물로 돌리는 행동이 아니기에, 타인의 기분을 상하게 할 이유도 없다. 건전한 합리화는 내가 나를 설득하는 것을 우선으로 하기 때문이다. 여우가 포도를 신포도로 간주했다고 해서 이솝우화를 읽는 우리의 마음이 상할 이유가 없지 않은가. 여우가 타인을 비난하거나 거짓으로 설득하기 위한 논리를 만들어낸 것이 아님을 상기하자.

무조건 부정적인 이미지로만 바라보기보다는 '이것을 어떻게 잘 써먹을 수 있을까' 하는 시선으로 합리화를 바라볼 필요가 있다. 일상에서 내가 어떤 합리화를 써먹고 있는지, 이것이 나에게 어떤 영향을 미치는지, 단순히 부정적으로만 바라볼 필요가 없는 합리화들은 없는지 살펴볼 필요가 있는 것이다. '그래도 이런 생각 때문에 내가 버텨낼 수 있었어' 하는 생각들이 누구나 하나쯤은 있지 않을까. 모든 것은 나의 경험과 현실에 비춰볼 때 더욱 잘 이해되기 마련이다. 나를 지켜주는 합리화는 어떤 것이 있는지 지금 당장 찾아볼 일이다.

좋은 합리화에는
노력이 필요하다

의식적 합리화 vs
무의식적 합리화

방어기제는 보통 무의식적인 심리활동이라고 이야기한다. 원초적인 부정이나 투사 등은 물론이고 미성숙 방어의 대표격인 합리화도 물론 기본적으로는 무의식적인 정신활동에 포함된다. 무의식적이라 함은 우리가 별다른 의식이나 마음의 노력 없이도 반사적으로 나오는 반응이라는 사실을 의미한다. 파블로프의 조건 반사에서 개가 먹이만 봐도 침을 흘리듯 합리화는 무의식적으로 작동한다.

그런데 사실, 무의식적인 합리화는 대체적으로 거칠고 정제되지 않은 것들이다. 세공되지 않은 거친 다이아몬드와 같은, 아니 동일하게 탄소로 이루어져 있지만 다이아몬드가 되지 못한 흑연덩어리와 같은 모습이다. 대부분 원시적이고 본능적이며 타인의 기분을 상하게 할 것들로 이루어진다. 문제가 생겼을 때 "난 몰라요" 외면해버리는 식이다. '이게 다 너 때문이야'라고 공공연히 타인을 공격하기도 한다. 머릿속에서 바로 떠오르는 생각들이 여과 없이 표현되는 형국이다. 나도 당당하지 못하고 스스로를 설득하지도 못하며 남을 다치게 만드는 거친 생각들의 덩어리다.

영어로 합리화를 'rationalization'이라 한다. rationalization의 사전적 의미를 찾아보면 합리화라는 의미 외에도 '이론적인 설명', '합리적 사고', '합리적 상태'라는 의미도 포함하고 있다. 합리화라는 단어의 포괄적인 범위 안에 합리적 사고가 내포되어 있다. 비약을 덧붙여 말하자면, 합리화는 합리적 사고의 결과물로 나타날 수 있다는 말이다. 이것은 우리가 일반적으로 이해하는 방어기제로서의 합리화와는 다소 차이가 있다. 미성숙한 방어기제가 합리적 사고의 결과물이라는 이야기는 좀처럼 받아들이기 힘들기 때문이다.

좋은 합리화는 합리적 사고의 결과물이어야 한다. 이성적이고 논리적으로 충분히 사고한 후 내놓을 수 있는 결과물일 때 합리화의 가치가 빛을 발할 수 있다. 합리적 사고는 철저히 의식적인 사고이다. 무의식적으로 나타나는 본능적 사고가 합리적일 가능성은 매우 떨어질 수밖에 없다. 무의식적으로 우리는 남들의 물건이 갖고 싶고, 남 탓하고 싶으며, 본능적 욕구를 따라가고 싶기 마련이다. 본능적으로 갖게 되는 무의식적 욕구와 생각들을 충분히 억제한 후, 인간적이고도 이성적인 사고를 할 때 좋은 합리화가 생겨날 수 있다.

그렇기에 좋은 합리화는 많은 노력을 필요로 한다. 스스로 본능과 무의식의 욕구를 이겨낼 수 있는 자제력을 갖추고 있어야 한다. 또한 나 자신을 설득해낼 수 있을 만큼 충분한 인과관계와 설득력을 내포하고 있어야 한다. 쉬운 변명의 길로 가지 않게 스스로를 설득할 수 있는 협상력의 소유자여야 한다. 이성적으로 사고를 하는 데에는 시간이 필요하기 때문에, 끈기와 인내 또한 필요하다. 무엇보다도 스스로의 생각을 믿고 의지할 수 있는 자신감 또한 필요하다.

여우가 손에 닿지 않는 포도를 신포도로 간주하는 데는 적지 않은 사고의 과정이 필요했다. 좌절감과 스스로에 대한 화를 뒤로 하고, 더 이상 부정적 감정에 휘둘리고 싶지 않았기 때문에 시간과 노력을 들여 이성적으로 그럴 법한 결론을 내린 것이다.

신포도 이야기는 무의식적인 사고의 결과물이 아니다. 비합리적이거나 단조로운 사고의 결과도 아니다. '우리 부모가 기린이 아니기에 어쩔 수 없어', '난 원래 포도 못 먹잖아' 같은 생각보다는 신포도라는 결론이 더욱 상황에 적절하고 세련되어 보인다. 타인을 탓하지도, 할 수 있는 것을 못하는 것이라고 애써 부인하지도 않는다. 누군가를 공격하지도, 나를 폄하하지도 않는다. 피해를 입는 사람 하나 없이 현실에 적합한 가장 훌륭한 결론을 내리게 된다.

이렇듯 훌륭한 합리화를 만들어내기 위해서 우리 모두는 소설가가 될 필요가 있다. 도입은 어떻게 들어갈지, 배경은 어떻게 설정할지, 주인공들의 생각과 감정의 변화에 어떠한 논리적인 근거를 제공할지, 결과까지 어떻게 치밀하게 전개해 나갈지 고민해보는 것과 같다. 합리화는 소설처럼 매끄러운 기승전결을 갖춘 결과물이 되어야 한다. 문학작품을 빚어내는 노력과 인내로 합리화해내야 한다. 이성적이고 합리적인 노력 없이 생산해내는 합리화는 일반적으로 우리가 폄하하는 나약한 합리화가 될 수밖에 없다. 좋은 합리화란 철저히 의식적인 결과물이다.

바로 지금 써먹을 수 있는
합리화

우리가 어렸을 때 가장 많이 쓰인 외래어는 텔레비전이나 라디오였다. 요즘 대한민국에서 가장 흔히 쓰이는 외래어는 '스트레스'라고 한다. 요즘 스트레스라는 단어를 입에 올리지 않고 사는 사람이 과연 있을까. 텔레비전이나 라디오, 서점에서는 하나같이 '당신의 스트레스를 없애드리겠어요'라며 다양한 상품을 광고한다. 그 범위가 너무 다양해서 스트레스라는 단어가 이 나라 경제를 이끌어가는 듯하다. 그도 그럴 것이 세계 1위 자살 공화국이 아니던가.

몸이 아파 병원에 가면 신경성이라면서 "스트레스 받지 말고 사세요" 말하는 의사들이 많다. 터무니없다. 자신들도 매일이 스트레스면서 환자들에게는 스트레스 받지 말고 살라 한다. 그들 스스로도 방법을 모른다. 신경성인데 정작 신경을 안 쓰게 하는 방법은 일러주지 않는다. 고개를 끄덕이며 듣지만 집에 오면 뭔가 찝찝한 느낌이다. 물고기를 많이 먹으라는데 정작 물고기를 잡는 방법은 하나도 모른 채 바닷가에 던져진 느낌이다.

우리가 스트레스를 받지 않고 살 수 있는 방법은? 없다. 존재 자체가 스트레스다. 조울증의 조증 상태에 빠져 세상이 행복과 기쁨으로 가득 찬 환자가 되지 않고서야 스트레스에서 벗어날 길은 없다. 스트레스를 피하려 집 밖을 나가지 않고 먹고 자고 뒹굴어보자. 인내력이 좋은 사람이라도 한 달이 지나면 지겨움과 답답함에 몸서리를 칠 것이다. 칩거 자체가 또 다른 스트레스가 된다. 스트레스는 항상 우리 옆에 자의 반 타의 반으로 존재하고 있다. 기왕 옆에 둘 거라면 적이라고 생각하기보다는 친구라고 생각하는 게 더 낫다. 스트레스 없이 잘 지내다가 다시 스트레스가 생기면 "어디 갔다 왔니, 친구야" 하며 맞아주는 게 더 낫다는 이야기다.

스트레스는 피할 수 없기에 '풀며, 해결하며, 다루며' 살아야 한다. 흥미로운 취미활동을 하고, 좋아하는 사람을 만나면 스트레스를 풀 수 있다. 음주가무도 흔한 해소법의 하나가 된다. 몸소 행동하고, 적극적인 자세로 스트레스에 대처하는 많은 사람들이 있다. 하지만 우리는 24시간 돌아가는 기계도 아니고 우리의 신체에는 한계가 있기에 이러한 방법이 항상 들어맞지만은 않는다. 뭔가 움직이고 활동하는 것을 싫어하는 사람들도 많다. 가만히 있으면서 스트레스를 해결할 방법은 없는 것인가.

'잘 푸는' 방법도 좋지만, 역시 가장 좋은 것은 '스트레스를 스트레스로 여기지 않는' 것일 테다. 병 주고 약 주는 것도 나쁘지는 않지만, 그것보다는 처음부터 병이란 놈에 안 걸리는 것이 더 좋다. 약을 찾을 상황 자체를 만들지 않는 게 당연히 더 좋지 않겠는가. 이를 위해서는 인지적 노력들이 필요하다. 현재의 상황을 스트레스로 받아들이지 않기 위한 인지적 노력. 부정적 상황을 긍정적으로 바꾸고, 나를 다치게 하지 않도록 만드는 인지적 노력. 좋은 합리화를 사용하기에 딱 적절한 노력이다.

스트레스가 우울과 불면, 자존감 저하를 만드는 과정은 마치 티끌을 모아 태산을 만드는 과정과 같다. 물론 스스로 감당할 수 없는 커다란 문제들, 즉 강도나 살인, 사고 등과 같은 치명적인 재난들은 그 즉시 정서적인 후유증을 만들어낸다. 하지만 대부분의 스트레스들은 그 순간에는 스트레스인 줄도 모르고 대충 넘어가버리고, 며칠 지나면 기억나지 않을 정도로 희미해진다. 그렇게 시간이 지나면서 자연스럽게 별것 아닌 것으로 여겨지는 부정적 감정들이 누적되면 나중에는 정서적인 후유증을 만들어낸다.

시부모에게 별다른 이유 없이 구박당한 며느리는 며칠 동안 화와 분노감에 시달리지만, 시간이 지나면서 점점 그런 부정적 감정들은 옅어져 간다. 하지만 이런 상황과 감정들이 반복되면 결국 며느리는 화병과 우울증을 벗어날 길 없게 된다. 나중에 발생할지도 모르는 더 큰 정서적 문제를 막기 위해서는, 그때그때 나를 보호할 수 있는 장치를 마련해놓아야 한다.

좋은 합리화란 순간순간의 부정적 감정들로부터 나를 방어해주는 사고이다. 무차별적인 시부모의 공격에 무방비로 노출되어서는 곤란하다. '기분은 안 좋지만 며칠 자고 나면 덜해지더라' 하면서 마냥 손 놓고 있어서만은 안 된다. 직접적으로 대들 수는 없더라도 뭔가 그 상황을 합리화하고, 내 다친 감정에 반창고를 붙여주는 작업들이 필요하다. 시부모가 부부싸움을 해서 나한테 화풀이를 하는 것이든, 아들과 너무 다정해 보이는 게 질투가 나기 때문이든 간에 무언가 구박의 원인을 찾아내야 한다. 하다못해 '시어머니가 그날인가 봐'와 같이 말도 안 되는 논리라도 반드시 찾아낼 필요가 있다. 공격에 대한 무방비 노출도 습관이요 버릇이다. 어쩔 수 없지 않느냐 하면서 상처 부위를 반복적으로 공격하게 하도록 하면 곤란하다.

티끌 모아 태산이 되지 않도록, 그때그때 나를 지켜줄 수 있는 합리화가 좋은 합리화다. 때문에 일상적이고, 뭔가 특별하지만은 않으며, 광범위한 상황에서 적용시킬 수 있는 생각들이 좋은 합리화가 될 수 있다. 순간순간의 부정적 감정이 나를 좀 먹어가지 않도록 나를 지키는 습관이 필요하다. 오늘 내가 사먹은 비싼 밥이 이토록 맛없다는 사실 하나가 나를 우울증에 빠트리지는 않겠지만, 이런 일이 반복된다면 어떨까. 내 부족한 안목과 운 없음을 탓하며, 헛돈만 쓴다는 아내의 지탄에 공격당하며 속절없이 비관에 빠질지도 모른다. '좋은 경험했잖아', '맛은 더럽

게 없어도 분위기는 끝내주네'라고 스스로를 설득하는 행위는
그래서 의미를 가질 수 있다.

나는 나,
다른 무엇이 될 필요는 없다

타인과의 비교에서
자유로워지는 방법

살면서 참 많은 갈림길과 위기의 순간을 걸어왔다. 모든 선택과 집중, 기회의 활용과 실패의 순간이 모여 지금의 나를 만들어왔다. 많은 순간들이 쌓여 나의 사상과 가치관을 만들어왔다. 무작정 수많은 책들을 읽고 나면 나중에는 그 내용을 하나하나 기억은 할 수 없더라도 나도 모르게 내 생각에 영향을 미치게 되는 것과 같다.

많은 갈림길과 위기의 순간에서 나를 지탱해주었던 다양한 생각들이 있다. 버틸 수 있게 해준 그 생각들이 모이고 모여 현재의 나를 형성한다. 마치 정치적 선호도가 생기는 것과 같다. 내가 보수나 진보 중 누구를 지지할 것인가는 살면서 다양한 경험, 부모의 관점, 주변의 설득, 동료의 가치관 등의 총합으로 결정된다. 그리고 이렇게 한번 결정된 생각들은 쉽게 바뀌지 않는다. 앞으로 살아갈 환경을 바라보는 시선도 이미 형성된 생각들에 기인할 것이다. 그런 생각들은 나 자신과 같으며, 그러한 생각을 버리고 바꾼다는 것은 내 존재 자체를 부인하는 것과 다를 바 없게 여겨진다.

우리는 현재의 우리 모습을 최대한 합리화하려 한다. 이것은 우리를 지키기 위한 당연한 본능이자 노력이다. 내가 금수저인지 흙수저인지, 배우자가 좋은 사람인지 그렇지 않은지, 자식농사를 잘 지었는지 그렇지 않든지 현재의 내 모습을 최대한 합리화할 필요가 있다. 지금까지 세상 잘못 살았다며 후회하고 비탄에 빠지는 것은 나에게 하등 도움이 되지 않는다. 현재의 내 모습을 최대한 잘 포장하고 단장하는 것은 남들과 비교하며 비참해지지 않으려는 바람의 결과물이다. 스스로의 모습이 긴가민가한 자신을 꾸짖고 타이르려는 노력이다.

내 직장, 내 배우자와 부모자식, 나를 둘러싼 현실, 내 모든 것들이 100퍼센트 만족스러울 수 없다. 신적인 존재가 나서서 너는 얼마나 잘 살아왔고 얼마나 잘 살고 있는지 말해주지도 않는다. 결정은 내가 하는 것이다. 얼마나 잘 살고 있는지, 얼마나 만족스러운 삶인지는 내가 결론지을 일들이다. 고립된 혼자만의 세상에서는 내 인생이 참으로 괜찮아 보이기도 한다. 문제는 항상 그놈의 비교이다. 나보다 잘 사는 것처럼 보이는 사람들, 나보다 풍족하고 행복하게 사는 것처럼 보이는 사람들은 항상 우리 주위에 도사리고 있다. 그런 사람들을 마주쳤을 때가 문제다. 갑자기 괜찮아 보였던 내 인생이 초라하게 느껴진다. 질투와 시기로 마음은 불타오른다. 부대끼며 사는 것이 사람의 삶이기에 비교와 질투를 피할 길도 없다.

질투와 시기는 독이 되는 감정이다. 내 몸을 서서히 마비시켜 가는 복어의 독처럼 나를 해치는 감정들을 어떻게 다루어야 할 것인가. 이 위기의 순간에서 우리는 스스로를 지키려 다양한 생각들을 마련한다. 나는 가졌지만 그 사람은 못 가진 것들을 찾아본다. 그 사람의 비참한 면들을 찾아본다. 내가 누리는 독창적인 행복들을 찾아본다. 여러 가지 대체거리를 마련한 후 다시 비교하여, 그 사람이나 나나 크게 차이가 없게 만들어놓는다. 그러면 마음은 한결 편안해지고 내 인생도 다시 장밋빛을 회복해간다. 이렇게 나는 나를 보호하고, 독과 같은 감정으로부터 나 자신을 지킨다. 시기와 질투로부터 해방되어, 동등한 조건에서 서로를 다시 바라보게 된다.

'나는 너보다 돈을 못 벌지만, 내 아내는 훨씬 더 현명하다. 우리 아이들은 공부는 지지리 못하지만 몸이 너무 건강해서 질병으로 부모를 고생시킨 적이 한 번도 없다. 내 직장은 힘들지만 자기발전의 기회가 있고, 나를 더욱 성장하게 한다.' 어떤가? 우리가 항상 하는 생각들이다. 우리는 왜 이런 생각을 할까. 그건 이런 생각들이 우리를 타인과의 비교로부터 보호해주기 때문이다. 내가 내 인생에 전적으로 만족하고 있다면 이런 생각들이 필요 없을지도 모르겠다. 하지만 자신의 인생에 100퍼센트 만족하는 사람이 세상에 있을까. 좋은 것보다는 부족한 것들이 더 보이는 게 사람 마음이다. 전적으로 만족스러운 삶? 그것도 어찌 보면 자기합리화일지도 모른다. 부분을 합리화하기 귀찮으니 전체를 합리화시켜 버리는 모습일 테다.

스스로 괜찮은 삶을 살고 있음을 증명해주는 것은 대체적으로 합리화일 가능성이 크다. 왜냐면 합리화에는 1+1=2처럼 객관화된 정답이 존재하지 않기 때문이다. 힘들지만 자기발전을 도모하는 직장, 구박이 심하지만 대체적으로 착한 아내, 힘들었지만 그만큼 의미 있었던 흙수저의 삶. 어떠한가. 다 내가 결론짓고 내가 믿어온 것들이다. 누군가가 당신 아내의 다정함을, 당신 인생의 의미를 설명해줄 필요도 없다. 믿고 싶은 대로 믿을 모두의 행복은 독창적일 필요가 있다.
따라서 타인의 평가로부터도 보호받을 필요가 있다.
스스로가 만들어낸 삶의 의미와 가치들의 축적이 바로, 합리화다.

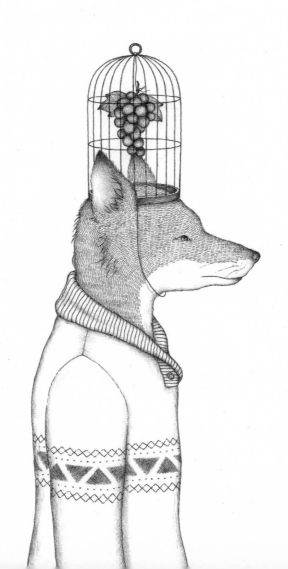

뿐이다. 스스로가 만들어낸 삶의 의미. 오랫동안 축적되고 만들어진 합리화의 결과이다.

매일 차 바꾸고 집 바꾸는, 잘나가는 친구들 앞에서 당신은 오늘도 우울하다. '내가 왜 이런 직업을 택했을까. 학교 다닐 때는 공부도 내가 더 잘했는데. 더 나은 상대와의 결혼으로 인생을 역전할 기회도 있었는데.' 하지만 후회해봐야 무슨 소용이 있나. '성숙한 인격, 고매한 삶, 좋은 가족' 이러한 생각으로 스스로를 무장한다. 증명하기 어렵고 애매하고 모호한 생각들. 뜬 구름 잡을 듯 모호하고 남들이 반박하기도 어려운 결론이야말로 좋은 합리화가 된다. 이런 믿음과 생각에 의심이 생기지 않도록 스스로를 더욱 단단히 동여맨다.

당신의 삶을 지탱하는 믿음에는 어떤 것들이 있는가. 그것이 100퍼센트 사실임을, 합리화가 아님을 증명할 수 있을까. 어느 정도의 사실들에 합리화를 강하게 포장해버린, 그런 굳건한 믿음이 아닐까.

모두가
포장하며 산다

이런 관점에서 생각해보면, 남들을 그렇게 부러워 할 필요가 없다. 그들이 자랑하는 것들 또한 그들 자신의 합리화일 가능성이 높기 때문이다. 혹은 그들이 자랑하는 모습은 그 사람의 밝은 단면일 뿐일지도 모른다. 어두운 면을 철저히 숨기고 밝은 모습들만을 보여준다. 사람들은 철저히 현혹되기 쉽고, 마치 그 사람이 밝은 모습으로만 살고 있을 것이라 착각할 수도 있다.

단지 자신을 설득시키는 것만으로는 모자라는 사람들. 남들을 설득시켜야지만 효과적인 합리화라 간주하는 사람들이 있다. 그들은 자신의 현실과 생각들을 그럴듯하게, 남들이 부러워할 여러 가지 요소들을 갖추어서 포장해낸다. 스스로를 설득시키는 것만으로는 모자란다. 남들의 동의와 찬사를 이끌어내야 내 인생이 비로소 의미를 가지게 된다. 원하는 칭찬과 찬사를 얻기 위해 포장하고 또 과장한다. 수많은 인정과 부러움 속에 비로소 내 인생은 괜찮은 인생으로 간주된다. 타인들의 부러움과 감탄은 그 사람을 이끌어가는 에너지이자 동력이다.

순진하고, 대체적으로 인생이 만족스럽지 아니하며 귀가 얇은 일부의 사람들은 이러한 화려한 장식들에 압도되어버린다. 부러움이 커지는 만큼 비참함도 배가된다. 그 사람은 나와 달리 그토록 화려하고 행복하게 살고 있을 거라 생각한다. 그러한 믿음에 일말의 의심도 가지려 하지 않는다. 타인들에게 보여주는 데 민감한 사람들은 이러한 착하고 순진한 사람들을 자양분 삼아 살아간다. 그물에 걸린 물고기처럼 놓아주지 않는다. 남들의 비참함이 쌓여가는 동안 그들은 승리감에 도취되어 간다.

그 모든 찬란함은 실은 그들 삶의 긍정적인 단면일 수도 있다. 빛만 보고 그림자를 보지 못하는 형국이다. 아들놈이 이번에도 1등을 했다며 묻지도 않았는데 자랑을 늘어놓는 우리 팀장님. 카페에서 동료 학부형들에게 남편 자랑을 늘어놓는 철없는 어머니. 그들은 왜 그렇게도 인정받지 못해 안달이 난 것일까. 누구라도 어두운 면보다는 밝은 면만을 보여주고 싶은 것은 당연하다. 하지만 그들은 왜 그렇게 타인의 인정에 사활을 걸까.

아마 그들은 자신들의 어두운 면들을 합리화하고자 밝은 면들을 더욱 강조하는 것일 테다. 빛으로 어둠을 메꾸려는 보상 심리이다. 그들은 스스로의 인생에 자신이 없다. 무언가 자신의 인생이 괜찮음을 합리화시킬 거리를 찾아야 한다. 힘들게 찾아낸 합리화거리들을 더욱더 강조한다. 남들을 설득시켜야 하며 인정을 받아야 한다. "그래. 당신 참 잘 사네" 이야기를 듣고 싶다. 어둠에 대한 이야기는 일절 하지 않는다. 인생이 재미없어 자식에 매달리는지, 삶이 우울해 남편을 자랑하는지는 아무도 모른다. 누구나 겉으로 나타나는 모습에만 매달릴 뿐이다.

내가 내 인생을 합리화하려 애쓰는 것처럼, 타인들도 스스로를 꾸미고 포장하려 한다. 내 합리화가 사실이라 말할 수 없듯 그들의 합리화도 진실을 가려낼 수 없다. 너도 나도 대체적인 허상 속에서 살고 있다. 그런데 왜 우리는 정작 자기 자신을 의심하면서도 남들의 그럴듯한 이야기는 철썩같이 믿어버리는 것일까. 왜 스스로를 포장하는 데는 회의적이면서 남들의 꾸밈에는 감탄사를 보내는 것일까. 이제라도 같은 잣대를 들이댈 필요가 있다. 내가 나를 설득하려 하듯 그들도 마찬가지다. 그들의 자기 설득에 현혹되지 말지어다. 언제나 남의 떡이 커 보이는 법이다.

적법한 이기심,
자기합리화

합리화는 결국
거짓말 아닌가요?

나를 지키기 위해, 때로는 남을 설득하기 위해 만들어내는 생각은 전적으로 내 머릿속에서 나온다. 학자들의 검증을 받은 생각들이 아니다. 나 스스로가 만든 이유를 토대로 결론을 유도하는 과정의 산물이다. 작가의 입장에서 우리는 가장 그럴듯한 이론을 만들어내는데, 문제는 작가들이란 기자가 아니어서 현실에만 입각한 작품을 내놓지는 않는다는 점이다. 결국 우리의 합리화는 실화보다는 픽션에 더 가까운 내용이 되고, 객관적 사실을 확인할 수 없는 내용들로 가득 차게 될 수 있다.

여우와 신포도 이야기에 등장한 포도가 실제로 시었을 가능성도 물론 없지는 않겠지만, 싱싱하게 열려 있는 그 포도를 갑자기 본인의 필요에 따라 변질시켜 버리는 것은 무언가 자연스럽지 않아 보일 수 있다. 시험이 어려웠다고 합리화를 하려 하지만, 다른 친구들에게는 쉬웠던 시험일 수도 있다. 이런 경우 많은 사람들은 "사실도 아닌 것을 억지로 만들어내어 그럴듯하게 갖다 붙인다"라면서 합리화하는 사람을 비난한다. 쉽게 이야기하면, 그들이 거짓말을 하고 있다는 것이다. 거짓말을 옹호하는 사람들은 좀처럼 찾아볼 수 없다. 결국 합리화하려는 나는 거짓말을 일삼는 나쁜 사람이 되어버린다.

우리가 하는 합리화들이 모두 거짓말일까. 오늘 내가 일상에서 해왔던 합리화들은 모두 내가 꾸며낸 거짓말인 것일까. 만일 거짓말이라면 거짓말을 일삼은 나는 나쁜 사람인가. 이것이 거짓말인지 참말인지를 밝혀줄 수 있는 사람은 과연 누구일까. 생각을 하다 보면 고민의 범위가 더 넓어진다. 거짓말은 하면 안 되는 것인가. 모든 거짓말은 다 나쁘기만 한 것인가. 거짓말을 한다고 나쁜 사람이 되어야 하는가.

거짓말과 참말 사이의 혼란을 벗어나기 위해서, 오늘 우리가 일상적으로 사용한 합리화들을 떠올려보면 좋을 것 같다. 시험이 어려워서 망쳐버렸다, 팀장님이 오늘 기분이 안 좋아서 유독 나한테 화를 냈다, 어차피 나와는 어울리지 않는 여자였다, 저 친구를 보니 내 인생도 그리 나쁘지는 않아 보이더라… 일련의 합리화들 중 분명히 거짓이라 말할 수 있는 것들이 존재하는지 살펴보자. 어떤 것도 거짓말이 아니고 무엇이냐며 단언할 수만은 없을 것이다.

거짓말은 분명히 알고 있는 사실을 사실이 아닌 것처럼 꾸며 이야기하는 것을 말한다. '꾸며서 이야기한다'는 측면에서 볼 때 거짓말과 합리화는 비슷한 측면이 있다. 어쨌든 합리화도 피와 살을 갖다 붙이는 행위라는 점에서는 거짓말과 비슷하다. 하지만 합리화는 '사실을 부인하는' 거짓말과는 다르다. 왜냐면 합리화는 어떤 사실을 정면으로 부인하는 거짓말과는 차이가 있기 때문이다. 우리가 합리화하는 것들은 사실 그것이 사실인지 사실이 아닌지를 알 수 없는 것들이 대부분이다. "내가 훔치지 않았어요" 말하는 것은, 내가 훔쳤다는 사실을 스스로 알고 있는 상황에서 이를 부인하는 행동이기 때문에 거짓말이라 할 수 있다. "나한테 더 잘 어울릴 것 같아서 훔쳤어요"라며 합리화를 하는 사람은, 적어도 스스로 훔쳤다는 사실을 인정한다는 점에서 거짓말과는 전혀 다르다. 문제는 '나한테 더 잘 어울린다'는 것이 사실이냐 아니냐의 문제인데, 이것은 너무나 주관적이고 모호한 문제라 그 진위를 밝혀내기 어려운 일이다.

모호함. 이것이 합리화의 중요한 주제이다. 사실 우리가 합리화하는 많은 명제들이 모호함이라는 성질을 가지고 있다. 객관적이기보다는 주관적이며, 과학적이기보다는 임의적이다. 어울린다와 어울리지 않는다, 좋은 인생과 나쁜 인생, 맛있는 식사와 그렇지 않은 식사. 어떤 기준이 뚜렷이 정해진 것들이 아니다. 내가 결론짓고 나 스스로 믿어버리기에 딱 좋은 것들이다. 여우의 신포도도 그것이 실제로 시었는지 아닌지는 알 수 없는 일이다. 포도는 결국 모호함의 상태로 남았다. 모호하기에 내가 믿어버리는 것이 설령 거짓일 확률이 있더라도 비난받을 수 없다.

내가 결론짓고 내가 믿어버리는 것이기에 합리화는 철저히 주관적인 행위일 수밖에 없다. 과학으로 검증되지 않는다. 객관적 검증을 거치지 않는다고 해서 모든 것들을 거짓말이라 치부해버릴 수는 없다. 당신에게는 거짓말일지라도 나에겐 참이 될 수 있는 것이 합리화다. 그렇기에 당신이 아무리 양심적인 사람일지라도 합리화를 어쭙잖은 거짓말로 결론지어버리지는 않았으면 좋겠다. 백 번 양보해 그것이 거짓말이 맞다 치더라도, 당신을 지켜줄 수 있는 선의의 거짓말이라면 인정할 필요가 있지 않을까. 하얀 거짓말과 까만 거짓말을 우리는 어릴 때부터 구분지어오지 않았는가. 나를 지켜주는 하얀 거짓말은 나에게는 좋은 것이다.

합리화는 거짓말이 아닐뿐더러, 거짓말일지라도 나에게는 선의의 거짓말이다.

부정을 거부할
권리

'긍정적으로 생각한다'는 것은 돌려 이야기하자면 내가 현재 부정적 상황에 놓여 있음을 의미한다. 하지만 현재의 상황을 그대로 부정적으로만 받아들이지 않고, 나에게 좋은 방향으로 해석하는 것이 긍정적 사고이다. 긍정적 사고는 나를 지키려 하는 행위라는 점에서 기본적으로 합리화와 비슷한 성질을 가진다. 말 그대로 머릿속에서만 발생하는 '사고'이므로 더욱더 합리화와 비슷한 개념으로 여겨진다.

하지만 차이도 있다. 긍정적 사고는 기본적으로 세상을 더 살만한 곳으로 만들기 위해 사물의 좋은 점을 더 강조한다는 점에서 합리화와는 다소 차이가 있다. 좋은 합리화는 현재의 스트레스를 스트레스가 아닌 것으로 받아들이려 하는 행위임에 비해, 긍정적 사고는 스트레스조차 기쁨과 행복의 원동력으로 삼으려 한다는 점이 다르다. 합리화는 부정적 상황을 중립적 상황으로 만드는 데 초점을 두는 반면, 긍정적 사고는 부정적 상황에서 중립을 뛰어넘어 긍정적 상황으로 만들려 하는 행위이다. 수비에서 미드필더를 거치지 않고 바로 공격수에게 볼을 투입하는 것과 비슷하다고 할까.

이는 우울증 환자의 정신의학적 치료와 비슷한 측면이 있다. 병원은 병을 없애는 것이 목적인 공간이다. 우울증으로 병원을 찾은 환자를 대하는 의사의 역할은, 우울증을 사라지게 하는 것이다. 우울한 사람을 행복하게 하는 것이 목표가 아니다. 물론 환자가 행복해지는 일은 모두에게 좋은 일이다. 하지만 병적인 요소가 사라지는 것이 우선이다. 꾸준한 치료로 '우울한 상태'를 '우울하지 않고 좋지도 않은 중립적인 상태'로 만드는 것이 일차적 목표이다. 중립적인 상태가 된 후에는 더 행복해지기 위한 단계로 나아가야 하는데, 여기에는 환자 자신의 많은 노력이 필요하다. 책도 읽고 운동도 하고 사람도 만나고 취미생활도 하는 등 열의와 에너지가 필요하다. 그렇게 중립적 상태를, 그 속에서 스스로 노력할 수 있는 에너지와 토대를 만들어주는 것이 치료의 역할이다. 긍정적인 생각이란 중립적 상황에서 더 나아가 행복해지기 위한 개인의 노력의 영역이다.

그러므로 우울한 사람에게 "긍정적으로 생각하세요"라고 말하는 것은 금물이다. 아마추어들이나 하는 짓이다. 우울한 사람들은 긍정적으로 생각할 수 있는 힘이 없기 때문이다. 마치 다리가 부러져 깁스하고 입원해 있는 환자에게 나가서 운동장에서 뛰라는 것과 다를 바 없다. 위로와 격려의 행동이 오히려 사람을 약 올리는 꼴이 된다. 긍정적인 사고는 내가 우울하지 않은 중립적 상태에 이르러서야 가능한 것이다. 우울한 사람에게는 일단 우울하지 않은 상태로 올라서도록 도와주는 것이 필요하다. 합리화가 필요해지는 순간이다. 힘든 상황을 힘들지 않은 상황으로 해석하려는 합리화는 우선 우울함을 벗어나려는 사람들에게 필요한 행위이다.

우울한 사람들은 일단 우울을 벗어나는 것이 당면 과제이다. 그 과정에서 좋은 합리화가 도움이 될 수 있다. 먹고살만 해야 긍정적인 사고도 가능하다. '컵에 물이 반이나 남았네' 생각할 수 있는 것은 내 목마름이 이미 어느 정도 해소되었기 때문이다. 긍정적 사고는 이토록 어렵다. 우울하지 않게 사는 사람은 많지만, 세상에 항상 행복과 고마움을 느끼며 살아가는 사람을 마주치기는 쉽지 않다. 아무렇지 않게 긍정적으로 생각하라고 남들에게 쉽게 충고할 일이 아니다.

그러므로 긍정적 사고는 합리화의 보다 발전한 모습, 한 단계 나아간 모습이라 할 수 있다. 이는 결국 우리가 좋은 합리화를 많이 해야 긍정적 사고의 실마리를 찾을 수 있다는 이야기가 된다.

힘든 상황을 힘들지 않은 상황으로 받아들이려는 노력이 모여, 나중에는 이 상황을 '좋은 상황'으로 여길 수 있는 발판이 된다. 좋은 합리화를 자주 하려는 노력이 나중에는 긍정적 사고를 만든다. 단순히 "긍정적으로 생각하세요"라는 막연한 말보다 "이 상황에서 어떻게 생각해야 덜 힘들까요?" 이야기해주는 것이 우울한 사람들에게 훨씬 현실적이고 도움이 될 수 있을 것이다.

"긍정까지는 바라지도 않아. 네가 힘든 생각에서만 벗어난다면 좋겠어."

힘든 당신에게는 이러한 말이 더 어울린다.

후회하지 않을
자유

후회도
선택의 결과다

우리는 살면서 수많은 결정을 한다. 오늘 점심에 어떤 메뉴를 먹어야 하는지부터 주말에 무엇을 하며 놀 것인지에 이르기까지 인생은 사소한 결정의 총합이다. 어떤 대학과 어떤 진로를 택할 것이며, 어떤 직장에 입사하고 어떤 시기에 퇴사해야 하는지의 문제들, 결혼과 출산과 육아의 문제 등 인생을 결정하는 중요한 선택들이 마치 통과의례처럼 줄줄이 우리를 기다리고 있다. 오늘 하루도 우리는 사소하거나 무거운 많은 결정들을 하면서 지내왔을 것이다. 크고 작은 결정의 방향들이 우리 삶을 현재의 모습으로 만들어왔다.

우리 주변에는 우유부단한 사람들이 참 많이 있다. 그들은 점심메뉴를 결정하는 사소한 순간에도 힘들어한다. 더 커다란 문제는 말할 것도 없다. 내가 내린 결정에 따라오는 단점과 부작용들을 두려워하기 때문이다. 우유부단한 사람이 아니더라도 우리 모두는 베스트가 되는 결정을, 즉 최고의 결정만을 내리고 싶어한다. 가장 합리적이고 이상적인 결정을 원한다. 장점은 극대화하고 단점을 최소화시키는 결정들, 나중에 후회가 남지 않을 결정들, 먼 훗날에도 잘했다 생각하며 스스로를 대견하게 여길 수 있을 만한 선택을 하기 원한다. 결정의 중압감은 문제의 크기에 비례한다. 점심메뉴를 고르는 문제와 대학 전공과목을 결정하는 일의 무게감은 차원이 다르다. 무게감이 클수록 결정은 힘들어진다. 결정의 여파가 더 커지기 때문이다. 돌이킬 수 없는 결정을 해야 하는 경우도 있다. 이제는 이혼이 흔해졌지만 많은 사람들은 결혼을 인생에서 한 번밖에 없을 결정으로 여긴다. 그만큼 힘들고 어렵게 선택한다.

우리의 결정들이 지극히 합리적일 가능성은 과연 얼마나 될까. 미래에서 타임머신을 타고 온 내 자신이 현재의 나에게 미래를 미리 예견해줄 수도 없는 일이다. 우리는 스스로 합리적인 결정을 내린다고 자부하지만, 모든 선택이 합리적이고 이성적인 과정을 거치는 것은 아니다. 이성보다 감정에 기대어 선택을 하는 사람들도 많다. 논리가 아닌 '느낌과 감'에 의한 결정을 내리는 사람들이다. 그렇다고 이런 결정이 꼭 부정적인 결과만을 초래하지도 않는다. 나름 고민하고 고민해 내린 결정이 후회를 남기고, 별 생각 안 하고 내린 결정이 긍정적 결과를 초래하기도 한다. 조삼모사라는 말도 있지 않은가. 우리의 대뇌가 잘 발달되어 있더라도 항상 원하는 결과를 가져오는 결정만을 내리기는 쉽지 않다.

머리 아픈 결정들을 안 하고 살 수 있다면 좋으련만, 불행히 우리가 사는 인생은 그렇지 못하다. 인생 내내 누가 먹여주고 재워줄 수 있는 게 아니라면 진학과 취직, 결혼과 출산, 양육의 결정들은 필연적으로 뒤따르는 것이다. 이러한 모든 결정들에 후회가 없었으면 싶지만, 현실적으로 어려운 일이다. 내가 택한 전공, 나의 직장, 나의 배우자와 내 현실에 대해서 한줌의 후회조차 없는 사람이 있을까. 스스로를 돌아보자. 내가 내려온 인생의 중요한 결정들에 대해서 나는 하나의 미련이 없다고 이야기할 수 있나. 다시 그때로 돌아간다면 모든 결정들을 지금과 다를 바 없이 내릴 것이라는 확신이 있는가. 지금도 잘 했다고 생각되는 결정도 있을 테고, 아쉬운 결정들도 있을 것이다.

이미 지나가버린 결정의 순간, 스스로 후회스러움을 느끼는 과거의 결정들에 대해서 우리는 어떻게 대처하고 있나. 어쩔 수 없지 않느냐며 스스로를 설득하는 사람들, 더는 기억하지 않으려 과거를 애써 무시하는 사람들, 타인에게 분노하고 화를 내는 사람들. 결정의 후유증은 다양하다. 병원에서는 결정의 후유증으로 우울감과 불안을 호소하는 사람들을 많이 볼 수 있다. 원수 같은 남편을 만난 것도, 지옥 같은 직장에 들어간 것도, 아이들과의 관계 문제도 모두 내 크고 작은 결정들의 결과물이다. 잘못된 결정을 내렸기에 돌이킬 수 없으며, 앞으로의 인생도 이와 똑같이 전개될 것이라 체념하며 스스로를 비난한다. 주변에서 잘못된 결정으로 힘들어하는 모습을 바라보며, 자신은 살면서 잘못된 결정을 내리지 않으리라 다짐하며 살아간다. 결정은 더욱 미뤄지고, 더욱 힘들어진다. 아내의 등쌀에 힘들어하는 팀장님이나 애 키우며 힘들게 일하는 직장 동료들을 보며 난 절대 함부로 결혼하지 않겠다 굳게 다짐하는 사람들이 많다. 섣부른 결정을 하지 않기 위해 우리는 결정을 미루고 또 미룬다. 건강한 마음에서 내린 결정들도 후회를 남기는 마당에, 이렇게 결정을 두려워하고 힘들어하는 사람들이 내리는 결정은 더 말할 필요도 없다. 무서워하고 두려워하는 마음은 추후 내 결정을 후회할 좋은 구실이 된다. 등 떠밀려 내린 결정에 후회하고, 그때 그런 결정을 하지 말았어야 한다고 여기며 나에게 압박을 준 주위 환경을 탓한다.

우리는 '그때 그렇게 하길 참 잘했어'보다는 '그렇게 하지를 말걸 그랬지' 하는 생각을 더 많이 하는 것 같다. 긍정적인 부분보다는 부정적인 부분들이 더 눈에 보인다. 배우자의 좋은 면보다는 맘에 들지 않는 면들이 더 많다. 내 직장보다는 친구의 직장이 더 좋아 보인다. 운 좋게 그때 좋은 결정을 내렸다며 행복해 하는 사람보다는 괜한 결정으로 피해를 보고 있다 여기는 사람들이 더 많다. 점심식사 메뉴를 선정하는 데에도 부담을 느끼는 마당이니 커다란 결정의 후유증이란 오죽할까.

결정했다면
합리화하라

아무리 어려운 결정이라고 해도 무작정 피하고 미룰 수만은 없다. 100퍼센트 확신을 줄 수 있는 상대방을 만나는 것이 가능하기나 한 일일까. 나이 40~50에 인연을 만났다는 러브스토리가 간혹 존재하기는 하겠지만, 조금의 불신도 없이 내릴 수 있는 결론이란 애초에 불가능하다. 모든 결정은 안개 속에 있다. 이 결정이 나를 어떻게 이끌어갈지는 살아봐야 알 일이다. 적절한 시기에 적절한 결정을 내리는 것은 필요하다. 나의 불확실함 때문에 아이의 사랑스러움과 가정의 든든함을 누릴 기회를 가지지 못하는 것, 지극히 슬픈 일이 아닐 수 없다.

그러므로 당신이 어떠한 결정을 내리기를 원한다면 우선, 당신의 결정이 만족감만을 남길 것이라는 기대를 접는 것이 좋다. 필연적으로 후회가 뒤따를 것이라 여겨야 한다. 긍정과 부정의 양면을 모두 고려하고, 부정적인 면들을 최소화할 수 있는 쪽으로 관심을 기울여야 한다. 결과를 감수할 수 있을 때 결정을 내릴 수 있는 용기를 가질 수 있다. 100퍼센트보다는 70~80퍼센트 정도에 만족하고 남은 20~30퍼센트를 자신의 노력으로 채운다고 생각을 할 때 우리는 비로소 최선의 결정을 내릴 수 있다. 100퍼센트를 기대하는 결정은 필히 후회를 남긴다. 100퍼센트란 인생에서 불가능한 수치이기 때문이다. 천생연분이라는 말은 같이 살아보기 전에는 검증될 수 있는 이야기가 아니다. 초혼에 실패한 대부분의 사람들이 재혼해서는 잘 사는 경우를 많이 목격한다. 기대치가 다르기 때문이다. 내 결정이 후회를 남길 수 있음을 인정하고, 그 후회를 노력으로 메우며 살아가려는 경험과 노하우를 얻었기에 가능한 일이다.

일단 결정을 내렸고 그 결정으로 인한 후회와 후유증이 생길 때, 우리는 스스로에게 이 결정을 실패로 여기고 다시 결정할 수 있는 기회를 줄 것인지를 고민해야 한다. 이혼하고 다시 배우자를 결정할 기회를 주거나, 학교를 그만두고 다른 전공을 결정하는 기회를 주거나, 직장을 때려치우고 다른 일을 찾는 기회를 갖는 것이 이러한 범주에 해당한다. 절이 싫으면 중이 떠나면 되는 것처럼 대부분의 경우에서 우리는 이러한 기회를 자신에게 부여할 수 있다. 과거에는 결혼이나 출산의 경우 재기의 기회를 갖는 것이 힘들었지만, 요즘은 꼭 그렇지도 않다. 돌이킬 수 없는 결정이란 것이 크게 존재하지 않는 것 같다. 마치 문제가 생긴 컴퓨터를 포맷하고 재부팅하는 것과 같다. 인생은 길고, 새로운 삶을 살 기회는 충분하다. 내가 이 직장, 이 사람과 끝까지 함께 해야만 할 이유는 존재하지 않는다.

하지만 이 결정을 돌이킬 수 없다 여긴다면 어찌 해야 하겠는가. 이혼이란 건 생각조차 해본 적 없는 우리 할머니 할아버지의 세대처럼, 어떤 문제를 재고한다는 것을 고려조차 하지 않는 사람들이 있다. 그것은 그 사람의 성격이요 기질이기에 잘잘못을 가려낼 수 있는 성질이 아니다. 돌이킬 수 없고 평생 안고 살아야 하는 결정이라면, 그로 인한 마음의 고통이나 후회들을 모조리 감내해야 할 것인가. 그래선 곤란하다. 우릴 지켜낼 무언가가 필요하다. 여기서 필요한 것이 좋은 합리화이다. 결정했으면 합리화해야 한다. 후회 속에 나를 내버려두지 않도록.

당신이 어떠한 결정을 내리든지 결과는
미로의 끝에서 발견하게 될 것이다.
일단 결정을 했다면, 합리화하라.
굽이굽이 끝을 알 수 없는 결단의 순간마다
최선의 선택을 했던 것이라고 자신을 설득하는 것이,
걸어온 길에 대한 가장 좋은 해석이다.

그때는 그런 결정을 내릴 수밖에 없었다, 현재도 그렇게 나쁘지만은 않다, 긍정적인 부분도 이렇게 존재한다, 이 사람에게도 이런 좋은 면들이 있다, 그때의 다른 결정이 더 나은 결과를 초래했을 거라 보장할 수 있는가 등등 합리화를 할 수 있는 방법들은 많이 있다. 어떻게 보면 쿨하게 결정을 내리는 사람들은 결정에 확신이 있어서라기보다는 이렇게 합리화를 잘 하는 사람들일지도 모른다. 당신 주변에 있는, 당신이 부러워하는 행복한 사람들도 사실 이렇게 합리화를 잘 하는 사람들일 가능성이 많다. '지난 일을 후회해서 뭣하겠어', '나에게는 이게 최상의 결정이었어', '다른 길로 가서 더 나은 미래가 열린다고 어떻게 보증할 수 있겠어', '지금이 나에게는 최상이야', '나쁜 면만 보지 말고 좋은 면을 좀 보자.' 스스로를 합리화하는 데 익숙한 사람들의 사고법이다. 최상의 결정으로 최고의 현재를 누리고 있다고 스스로 굳게 믿어버리는 것이다. 그 사람들의 행복을 한 겹 벗겨내 보면, 그 안에는 강한 합리화가 자리하고 있을 가능성이 많다. 그렇다면 그들처럼 합리화하고 그들처럼 그 결정의 정당성에 대해 굳은 믿음을 가진다면 나도 그렇게 행복해질 수 있다는 이야기가 된다.

결정을 돌이킬 수 없다면, 이 결정이 나에게 최상임을 스스로에게 설득시키자. 갖가지 논리와 증거로 무장하고, 어두운 면보다는 밝은 면에 집중하면서. 결정을 못하고 머뭇머뭇 거리기보다는 결정하고 합리화하는 게 더 낫다. 적극적인 합리화로 그 결정이 실수가 아님을 계속 증명해 나가야 한다. 당신이 지금 힘든 이유는 현실에 대해 더 적극적으로 합리화를 시키지 못하고 있기 때문이다. 우리가 원한다 해서 언제든 우리를 둘러싼 환경을 바꿀 수 있는 것이 아니다. 환경을 바꿀 수 없다면 우리가 카멜레온처럼 그 환경에 적응해야 한다. 합리화는 내 척박한 환경에 적응하는 방법이다.

비싸고 맛없는 점심 앞에서 잘못된 결정을 탓하며, 스트레스에 계속 노출되어봤자 나에게 득 될 것은 하나도 없다. 오후 내내 씩씩거리며 일에도 집중하지 못하게 나를 내버려둘 수 없는 일이다. 분위기라도 좋았다 치부하던지, 아니면 '그렇게 맛없고 비싸서 장사도 잘 안 되는 가게이니 사장님이 얼마나 스트레스가 많으실까, 나라도 매상을 올려줘야 되지 않을까' 하며 마치 자선가가 된 것처럼 스스로를 설득시켜도 좋을 것이다. 많은 사람들은 사소한 결정들에 대해서는 합리화를 잘하면서, 정작 큰 결정들은 쉽게 합리화를 하지 못하는 경향이 있다. 우리에게 꼭 합리화가 필요한 대목들은 그러한 큰 문제들인데 말이다. 사이즈가 큰 결정일수록 후유증이 크기에 더욱더 열심히 합리화를 해야 할 필요가 있다.

나는 내 인생의 중요한 결정들을 지금껏 얼마나 합리화하며 살아왔나. 최근 내린 결정들을 얼마나 합리화를 하며 지내고 있나. 나는 결정을 물리고 번복하는 데 익숙한 사람인가 아니면 결정을 불가피한 것으로 받아들이고 현실을 합리화하는 사람인가. 나에게 물리고 번복할 수 있는 문제와 그렇지 못한 문제는 어떤 것들이 있는가. 물릴 수 없다 생각되는, 현실을 힘들게 만드는 지나간 결정을 합리화하기 위하여 나에게 어떤 생각들이 필요할 것인가.

이런 고민들이야말로 지금 나에게 던져진 무엇보다도 가장 중요한 과제이다.

건강한 합리화를 위해
필요한 것들

마음이 건강해야
합리화가 가능하다

          "기억력이 너무 떨어지는 것 같아요", "집중이 안 돼서 일을 할 수가 없어요" 호소하는 수많은 사람들을 병원에서 마주한다. 나이 지긋한 사람들은 조기에 치매가 온 건 아닌지 우려하고, 젊은 사람들은 자신이 요즘 유행하는 성인 ADHD인 것 같다고 걱정한다. 머리가 잘 돌아가지 않는다는 것은 받아들이기 골치 아픈 일이다. 업무나 일상적 생활에 영향을 미치며, 무엇보다 하나의 성인으로서 직장이나 가정에서 제대로 기능할 수 없게 되기 때문이다.

만약 당신에게 기억력이나 집중력 저하 같은 인지기능 장애가 발생했다고 가정해보자. 무엇이 가장 큰 요인일까. 치매나 ADHD, 아니면 뇌에 무슨 이상이라도 생겼기 때문일까. 답은 예상 외로 쉽다. 당신의 머리가 잘 돌아가지 않는 이유는 당신이 우울하기 때문일 가능성이 크다. 스트레스를 너무 많이 받는 상태라서 그럴 가능성이 크다는 이야기다. 머릿속에 갖가지 현실 고민과 잡념이 가득한 사람에게 신문이나 소설을 던져주고 읽어보라고 하면 제대로 집중하기가 힘들다. 부모가 이혼의 위기 상태라 마음이 뒤숭숭한 아이들이 도서관에 간다고 해서 공부에 집중할 수 있을까. 여러 가지 경우에 빗대어봐도 쉽게 이해할 수 있다.

심지어 70~80세 노인들의 기억력이 떨어지는 원인도 치매보다는 우울증 때문이라고 생각하는 것이 정답에 가깝다. 배우자가 죽고 홀로 남겨졌다든지, 익숙한 동네가 아닌 자녀들 집으로 이사를 했다든지, 만성적 통증이 생긴 경우 노인들의 기억력은 두드러지게 떨어진다. 치매를 걱정한 자녀들이 부모님을 병원으로 모시고 오는 경우, 치매 치료가 아닌 우울증 치료를 진행할 때 기분도 나아지며 기억력 또한 호전된다. '기분'이란 놈이 이렇게까지 우리들의 두뇌회전에 영향을 끼치는 것이다. 기분이 좋으면 공부도 더 잘되고 일의 능률도 올라간다.

합리화라는 것은 기본적으로 뇌의 활동이다. 그럴듯하고 거부할 수 없는 논리들을 만들어내는 것이다. 합리화라는 인지기능을 발휘하기 위해서는 당연히 뇌의 높은 활성도가 수반되어야 한다. 기분이 좋은 사람, 마음이 안정된 사람들만이 이러한 적극적인 뇌의 활동을 만들어낼 수 있다. 당신에게 괜찮은 합리화를 통해 스스로를 보호해야 할 상황이 닥쳤다. 하지만 당신은 지금 매우 우울하고 불안한 상태다. 아무리 노력을 해도 괜찮은 합리화거리가 떠오르지 않는다. 당연하다. 뇌를 충분히 움직여줄 만한 마음의 동력이 부족하기 때문이다. 결국 적절한 합리화로 스스로를 지켜내지 못하기에 당신은 또 상처받고 다치게 된다. 마음은 더 우울하고 불안해진다. 인지기능은 더 떨어진다. 가면 갈수록 합리화는 더 어려워진다. 악순환은 반복된다.

이렇듯 마음상태는 두뇌를 움직이는 배터리와 같은 역할을 한다. 건강한 마음상태를 유지하는 것이 뇌를 건강하게 만든다. 직장에서 효과적으로 일을 잘 하고, 학교에서 집중력 있게 공부를 잘 하기 위해서 나에게 필요한 것은 총명탕이나 카페인이 아니라 건강한 마음이다. 내 마음을 건강하게 유지시킬 수 있는 좋은 사람들과 적절하고 과하지 않은 스트레스. 마음의 짐을 덜어낼 수 있는 적절한 운동과 여가 생활이 내 마음뿐만 아니라 내

두뇌까지 건강하게 만들어줄 것이다. 건강한 두뇌는 좋은 합리화를 생산해낸다. 여우가 포도나무를 지나가며 합리화를 할 당시에는 아마도 여유 있고 즐거운 마음상태였을 것이다.

적절한 상태로 인지기능을 유지해주는 것 외에도 우리가 건강한 마음상태여야 할 이유는 또 있다. 우리의 마음이 건강해야만 우리가 스스로를 지켜낼 동기가 생겨나기 때문이다. 우울한 사람들은 힘든 상황에서도 스스로를 지켜내고자 노력하지 않는다. 떨어지는 우울의 포탄에 스스로를 내버려둔다. 아무리 벗어나려 노력해도 안 된다고 자포자기하며, 우울함에 몸을 던져버린다. 우울해서 더 우울해지는 악순환이 반복된다. 이들은 상처받아 마땅한 사람이라며 스스로를 상처 내는 데 더 익숙하다. 우리가 아무리 괜찮은 인지능력과 활발한 뇌를 보유하고 있다 하더라도 스스로를 지켜내고자 할 의욕이 상실된 상태라면 어디에 가서 그 뇌를 써먹을 수 있겠는가. 비싼 자가용을 차고에 주차만 시켜두고 있는 것과 다를 바 없다. 타고난 자질도 물론 중요하지만 그 자질을 제대로 써먹겠다는 의욕과 동기가 중요한 것이다. 우울한 상태에서는 그런 동기가 생겨날 수가 없다.

이렇듯 나를 보호할 동기를 만들어내기 위해, 그리고 그 의욕과 동기 안에서 좋은 합리화의 소재들을 만들어내기 위해 우리의 마음건강은 매우 중요하다. 우울과 불안에 빠지지 않게 스스로를 잘 유지해야 한다. 가벼운 우울과 불안은 합리화로 이겨낼 수 있겠지만, 그 정도가 커지면 합리화로도 한계가 있다. 흙탕물에 빠지면 신발을 털어내고 말리면 되겠지만, 늪에 빠져서는 곤란하다. 일상의 감정들을 잘 살펴보고, 스트레스를 관리하며 정신을 환기할 즐거운 활동을 찾아보는 작업들이 그래서 중요하다. 건강한 마음을 위해서.

합리화와 자존감, 믿음의 사이에서

좋은 합리화를 위한 중요한 전제 조건이 또 하나 있다. 내가 무언가를 일단 합리화했으면 하늘이 두 쪽 나는 한이 있더라도 그것을 믿어야 한다는 것이다. 나 스스로 긴가민가하고 의심하는 합리화는 제대로 기능할 수 없다. 여우가 스스로를 합리화했더라도, 신포도의 존재를 스스로 믿지 못한다면 이내 다시 포도를 따지 못한 스스로에 대한 화로 괴로울 것이다. 비싸고 맛없는 밥을 먹었더라도 분위기가 좋았으면 그 분위기가 정말 최고였다며 스스로에게 최면을 걸어야 한다. 돌아보니 촌스러웠다든지 그 정도 분위기는 어딜 가든 느낄 수 있다든지 하는 생각으로 돌아온다면 괴로운 마음에서 벗어날 길이 없어진다. 일단 합리화했으면, 믿어야 한다. 마치 종교나 신앙처럼. 일말의 의심 없이.

조현병 환자가 누군가 나를 쫓아온다거나 감시한다거나 내 몸 속에 칩이 박혀 있다는 등의 망상을 의심 없이 믿어버리는 것처럼 우리도 스스로가 만들어낸 합리화를 굳게 믿어야 한다. 믿음이 부족한 합리화는 제대로 기능하지 않는다. 물론 합리화의 논지가 부실할 때, 인과관계가 부족하거나 타인에 대한 맹목적인 비난에 치중한 단조로운 합리화라면 믿음이 흔들리기 쉽다. 그럴듯한 합리화라며 스스로를 설득시키지 못한다면 이런 믿음들은 만들어지지 않을 것이다. 합리화의 내용과 방식은 내 믿음의 강도를 결정하는 중요한 요소가 된다.

하지만 합리화의 내용보다도 중요한 요소가 있는데, 그것은 바로 자기 자신에 대한 믿음이다. 내가 만들어낸 합리화가 믿을 만한 것이냐, 나는 괜찮은 합리화를 만들어낼 정도의 능력이 있는 사람이냐 하는 문제는 그만큼 중요하다. 스스로에 대한 확신과 자신감은 합리화에도 영향을 준다. 간단히 말하자면, 나를 믿어야 내 생각들을 믿을 수 있다.

나 자신에 대한 믿음과 신뢰, 이것은 즉 나의 자존감이다. 결국 자존감의 정도가 합리화의 밑천이 된다는 이야기다. 자존감이 높은 사람일수록 스스로가 만들어낸 그럴듯한 설명들에 더욱 믿음을 가질 수 있다. 나는 참 괜찮은 사람이라는 믿음이 합리화에 대한 의구심을 없앤다.

불안과 우울이 없는 건강한 마음이 마치 세차와 같은 것이라면, 높은 자존감은 세차 후 왁스칠을 하는 것이나 다를 바 없다. 건강한 마음으로 합리화의 기반을 닦고, 높은 자존감으로 합리화에 반짝반짝 윤을 낸다. 나를 합리화하기 위한 망상은 건강한 망상이다. 피해망상 환자들의 믿음은 극도의 불안과 스트레스로부터 비롯되지만, 건강한 합리화에 대한 망상은 좋은 의도와 좋은 재료들을 가지고 있다. 당신의 생각을 믿어라. 일단 믿었으면 뒤돌아보지 말길.

최소한의 출혈,
최대한의 행복

"좋은 경험했다고 치지,
뭐"

개인에 따라 사고방식의 양상이 다르겠지만, 우리가 일상에서 사용할 수 있는 유용한 합리화는 대개 몇 가지의 방식으로 요약해볼 수 있다. 그 예를 살펴본다.

우선적으로 우리가 써먹을 수 있는 합리화의 방법은 'if', 즉 가정법이다. '만약에 이랬다면 어땠을까' 생각하며 스스로를 설득시키는 방법이다. 가정법을 사용하면 스트레스도 나에게 유리한 방향으로 돌려 생각할 수 있다. 여우의 합리화도 비슷한 경우라 할 수 있다. '그 포도가 만약 신포도라면' 가정하면서 나에게 유리한 방향으로 결론짓는 모습이다.

'좋은 경험했다고 치지, 뭐'와 같은 간주도 이러한 가정법에 속하는 유형이다. 지하철에서 지갑을 잃어버렸다. 어디에 흘렸는지 소매치기가 털어간 건지 알 길이 없다. 여기저기 찾아봐도 발견될 길 없는 지갑 앞에서 "그냥 가난한 사람에게 기부했다 치지 뭐, 연말이잖아" 하며 답답한 마음을 달래려 노력하고 나면 실제 내가 기부를 한 것은 아닐 테지만 '내 지갑이 가난한 사람들에게 들어갔다' 가정하면서 쓰린 속을 달랠 수 있게 된다. 가정법을 사용해 일어나지 않은 일을 일어났다 가정하면서 나에게 유리한 방향으로 스토리를 만들어 나간다. 물론 계속 본전 생각이 나면서 마음 아플 테지만 그럴 때마다 '만약'을 사용하여 마음의 균형을 잡으려 애쓴다.

또 다른 유용한 합리화로는, 나보다 더 힘든 상황에 놓인 사람들을 찾는 것이다. 우리가 가난하고 굶주리는 제 3세계의 아이들에게 기부하고 원조하는 것은, 그들이 우리보다 훨씬 배고프고 힘들다는 것을 인지하고 있기 때문이다. 우리는 모든 것을 상대적으로 인식한다. 우리 인생이 그럭저럭 살만 한 것은 힘들어하는 저들이 있기 때문이고 우리가 불행하다 느끼는 것은 저들의 행복 앞에 박탈감을 느끼기 때문이다. 세상에는 나보다 더 힘든 사람들이 얼마든지 있다. 나보다 더 힘든 사람들을 보면서 나의 어려움에 대한 위안을 받을 수도 있는 것이다. 물이 부족해 고생하는 나라의 다큐멘터리를 시청한 후 나도 모르게 샤워할 때 물을 아끼게 되는 경우와 비슷하다. 태산에 올라가 끝없이 펼쳐진 바다를 보면 세상 모든 고민들이 한낮 미물로 느껴진다는 말이 있다. 이 넓고 넓은 세상에 내 존재, 내 고민들은 그야말로 티끌 만한 공간을 차지할 뿐이다. 끝없는 세상에는 상상할 수조차 없는 고민들이 존재한다. 생존의 위기 앞에 던져진 아프리카 아이들의 모습을 보면 내 고민은 보잘것없는 것처럼 느껴질 수 있을 것이다. 혹여 우울증이 심한 상태라면, 자신보다 힘든 사람을 찾기 어려울 수도 있다. 심하게 우울한 사람들은 세상에서 자신이 가장 비참하고 힘든 사람이라 인식하기 때문이다. 하지만 심한 우울함에 빠지지 않고서야 나보다 더 힘든 사람들을 찾는 것은 어렵지 않다. 그들 앞에서 마음의 위안을 얻으며 반전의 기회를 찾는다.

또 하나 흔히 쓰이는 방법은, 내 현재 상황에 숨어 있는 긍정적인 요소를 찾는 것이다. 짜증나고 답답한 상황 일색일지라도 두 눈을 크게 뜨고 찾아보면 숨겨진 긍정의 요소를 발견할 수 있다. 바가지 썼다 생각되는 식당에서 좋은 분위기를 누렸으니 됐다고 생각하며 위안하는 것이 예가 될 수 있다. 긍정과 부정 사이에 놓여 있는 애매한 상황에서도 긍정의 요소를 찾아볼 수 있다. 나의 일과 직장, 기타 나의 현재 모습의 긍정적 요소를 찾아서 부정적인 요소들만이 쌓여 있는 시소의 반대편에 앉도록 한다. 부정적인 쪽으로 기울여진 시소가 점점 올라와 평행을 유지하도록 만든다.

긍정적인 요소를 찾는 것은 특히 사람과 사람 사이의 문제에서 중요한 역할을 할 수 있다. 사람 때문에 힘든 당신이 눈여겨봐야 할 부분이다. 매일 나를 피곤하고 힘들게 만드는 배우자와 자녀들 앞에서, 그들의 긍정적인 모습을 찾아보려 노력하는 것은 꼭 필요하다. 이러한 노력은 심지어 그들과의 관계 개선에 있어서도 필수적인 역할을 한다. 내 아내와 아이의 부정적인 모습만 떠올려서는 좋은 관계를 이끌어나가기 어렵다. 긍정적인 요소를 찾고 그 장점들을 부각시키고 말로 표현하려 애써야 한다. 부부 치료나 소아정신과 치료도 모두 이러한 식으로 진행된다. "당신의 그런 면들이 참 좋아", "그건 너의 큰 장점이야" 격려하는 것은 갈등관계 개선의 시발점이 된다. 하나도 마음에 들지 않는 사람과 애써 같이 살아가는 것은 참 어렵다. 그렇다고 그들이 자신의 장점들을 애써 어필하지도 않는다. 그렇다면 결국 내가 찾아야 한다. 아무리 눈을 씻고 찾아봐도 없다고? 그렇다면 더 열심히 찾아보자. 분명히 숨겨진 무언가가 존재할 것이다.

하루에 하나씩 상대의 장점 찾아보는 일, 오늘 당신의 숙제
이다.

"이렇게라도 안 했으면
더 나빴겠지"

"이렇게라도 안 했으면 상황
은 더 안 좋았을 거야" 생각하면서 자신의 선택을 대견해하는
것, 현재의 선택이 더 나은 결과임을 설득하는 것도 자주 쓰이는
합리화의 한 예이다. 그 전공과목을 선택했더라면, 그 회사에 들
어갔더라면, 그 사람과 결혼했더라면 더욱 부정적인 결과가 도
사리고 있었을 것이라 믿는 것이다. 우리가 그 선택을 하지 않았
기 때문에 현재의 결과가 어찌 되었을 것인지는 사실 누구도 알
수 없다. 우리의 임의대로 그 선택이 훨씬 부정적 결과를 초래했
을 거라 상상하면서, 현재의 어려움보다 훨씬 더 힘든 결과를 겪
지 않음을 다행으로 여기도록 스스로를 설득한다. 이러한 생각
은 '하고 싶었지만 하지 못한 것'을 합리화할 때 유용하게 사용
된다. 회를 먹고 싶었지만 여러 가지 사정상 먹지 못한 사람이
'날씨가 더워서 그 회를 먹었다면 배탈이 났을 거야' 합리화하는
것이다. 하지 '않았'거나, 때로는 하지 '못했'지만 그 때문에 어떠

한 결과도 내 마음대로 만들어낼 수 있다.

누군가를 탓하는 것을 좋은 합리화라 칭하기는 어렵긴 하지만, 가끔은 남 탓을 하는 것이 필요할 때가 있다. 항상 나를 구박하고 무시하는 팀장 때문에 직장생활에 괴로움을 느낄 때, 그 사람이 나를 싫어하는 이유를 나에게서만 찾는 것도 곤란한 문제이다. 평판이 형편없는, 인간성 제로의 팀장일 수도 있다. 팀장에게 "너는 이런저런 게 문제야. 네가 제대로 할 줄 아는 게 뭐가 있어" 무시와 면박을 당하는 사람이 그 면박의 이유를 본인에게서만 찾는다면 쉽사리 자기비하와 우울에 빠지게 된다. 사실 상대방이 문제인데 정작 욕은 내가 먹는 경우가 우리 주위에는 허다하다. 특히 위계질서가 중요한 직장이나 학교, 군대 같은 곳에서 이런 문제는 더 커진다. 어느 정도는 남 탓도 하고, 그 사람들의 허물도 찾아보고, 모든 게 나 때문만은 아니라고 생각할 수 있어야 한다. 남보다는 '내 탓'을 할 수 있어야 발전한다고 하지만, 자존감 저하와 우울감에 빠진 사람에게서 발전의 동력이 생겨날 수 있을까? 설사 정말 자신이 가장 큰 문제라고 하더라도, 본능적으로 어느 정도는 남 탓을 하는 것도 필요하다. 왜 100퍼센트 내 탓이 되어야 하느냐 항의하는 것이 미성숙하다는 증거가 될 수 있을까.

좁게 보면 남 탓, 넓게 보면 환경 탓이 필요하다. 출발선상이

다른 상대 앞에서 '너는 금수저, 나는 흙수저'를 되뇌이는 것이 어찌 건강하지 않은 사람의 행동이라 하겠는가. 나를 탓하기보다는 환경을 탓하는 게 더 나을 수 있다. 화창한 날씨 탓에 아무 일도 하기 싫다면서 놀고 있는 베짱이처럼 마땅히 해야 할 행동들, 최소한의 노력들조차 하지 않는 나태한 모습을 환경 탓으로 돌리는 것은 문제가 있다. 하지만 열심히 해도 안 되고, 운이 없어 안 되고, 타고난 게 없어 안 되는 것들을 순전히 내 의지와 노력 부족으로만 치부해서는 곤란하다. 실제 환경 탓을 해야만 하는 일도 많이 있다. 나는 괜찮은 사람이고 최선을 다했지만, 어쩔 수 없이 안 되는 일도 있다. 의지가 있으면 뭐든지 현실이 될 수 있다는 자기계발서의 이야기들은 일면 지나치게 허황되다. 그런 책들이야말로 '네가 할 수 없는 모든 것들은 너 자신 때문이다'라고 우리를 더 자책하게 만든다.

마지막으로, 상대방의 부정적 요소들을 찾아보는 것도 합리화의 예가 될 수 있다. 모든 사람의 행복 뒤에는 감춰진 불행이 있다. 누구나 긍정적인 면들만을 보여주고 싶어 한다. 하지만 그 이면에 도사리고 있는 힘든 면들을 볼 수 있을 때, 하늘은 항상 모든 인생을 공평하게 맞추려 노력함을 인지할 수 있다. 부자이지만 건강을 잃어버린 사람들, 일 중독으로 높은 지위에 올랐지만 대신 가족의 안락함을 빼앗겨버린 사람들, 부러울 정도로 자존감이 세지만 지나친 나르시시즘으로 인해 주위에서 밥맛이라 칭해지는 사람들. 긍정적인 면만을 소유한 사람들은 아무도 없다. 나를 한심하고 비참하게 만드는 그 사람도 나름대로 힘든 상황에 놓인 사람이다. 그 이면을 찾는 일만으로도 나의 정신적 안녕에 도움이 될 수 있다. 그 사람이 잃어버린 것을 나는 가지고 있다는 사실에 작은 안도감을 얻을지도 모를 일이다.

chapter 4

얼마나 아플지는
스스로 결정할 것

나를 미치게 하는 것들을 향한
건강한 변명

완벽하게
나쁜 직장은 없다

"상사가 나만 싫어하고 자주 무시하는 소리를 해서 너무 힘들어요."

"동료들과 잘 못 어울리고 후배들과도 어색해요."

"힘들게 이직을 결정했는데 나랑 잘 안 맞는 회사인 것 같아요."

"일이 재미있지도 보람되지도 않아요. 일에서 의미를 찾을 수가 없어요."

"보수도 낮고 할 일만 산더미 같은 이 직장을 계속 다녀야 할까요?"

학교를 졸업하고 취업을 준비할 때는 취직만 된다면 세상이 장밋빛일 거라 생각한다. 남들보다 나름 안정적이라는 직장에 입사하기 위해 오늘도 많은 청년들이 고시원과 학원에서 그들의 황금빛 시간을 기꺼이 투자하고 있다. 반듯하게 갖춰 입고 출근길 문을 여는 순간 불행 끝 행복 시작이라 생각하겠지만, 진정한 사회생활은 이제부터 시작이다. 순진하게 취업을 준비할 때는 생각해보지도, 생각할 여유조차 없었던 여러 가지 문제들이 하나 둘 모습을 드러낸다. 예상도 하지 못했고 그렇다고 대책도 없는 여러 일터의 스트레스 속에서 내 마음도 타들어가고, 마음의 병도 싹을 틔운다. 병원을 찾는 20~30대 이상 성인들의 방문 이유 1순위는 단연코 직장 문제이다. 사람 간의 문제이든, 보수의 문제이든, 회사의 불안정 문제이든, 이 압도적인 문제에서 나는 아무것도 할 수 없다는 절망감이 이들을 괴롭게 한다.

직장 스트레스, 일 스트레스를 우리가 유독 더 힘들어하는 이유는 우리가 거기에서 빠져나올 수 없다고 생각하는 경향 때문이다. 먹고살아야 하기에, 돈을 벌어야 하기에 우리 맘대로 나왔다 들어왔다 할 수가 없다. 절이 싫으면 중이 떠나야 하는데, 떠날 수가 없다. 떠나면 나는 빈털터리가 되니까. 실패한 결혼이라 믿어 의심치 않는다면 이혼을 선택할 수도 있다. 하지만 직장에서는 여러 가지 선택의 권한이 없다. 너무 힘들고 스트레스 받아서 회사를 그만두겠다고 진료실에서 고백하는 사람들, 하지만 그들도 무슨 차선책을 마련해놓고 사표를 던지려 하는 것은 아니다. 내가 너무 잘나서 여기저기서 나를 모시려 들면 이런 고민을 할 필요가 없겠지만, 현실은 냉혹하다. "정말 지옥 같은데 그렇다고 그만둘 수도 없으니 어떻게 이 회사에서 하루하루 견뎌나갈 수 있을까요"와 같은 이야기가 지극히 현실적으로 들려온다. 다른 곳으로 간다고 해서 그곳이 힘들지 않다는 보장도 없으니 여러모로 당혹스럽다.

주변의 시선과 압박도 부담이다. 가족을 부양해야 하는 의무가 있다거나 좋은 직장에 취직한 아들을 두고 동네방네 자랑하고 다니는 눈치 없는 부모님이 있다면 차마 직장을 그만두겠다고 이야기하기는 힘들다. 그렇게 힘들면 어쩔 수 없는 것 아니겠냐며 애써 이해하려 하겠지만, 당신의 배우자는 뒤에서 남몰래 눈물 흘릴 것이다. 남들 다 견디는데 너는 왜 못 견디냐며 오히려 구박하고 나무라는 부모도 있을 것이다. 이럴 줄 알았기에 이야기 안 하려 했는데, 일은 더 커진다. 내 고민도 태산만한데 가족의 눈치까지 봐야 한다. 들어갈 때는 내 의지대로 들어갔지만 그렇다고 내 맘대로 나올 수도 없는 것이 내 직장, 내 회사다.

벌이가 차이가 나니 당연히 남들과 비교하게 되고, 더 흥미롭고 재미있는 일을 해보고 싶어도 평생 이 일을 해야 한다는 자괴감에 빠지고, 사람 같지도 않은 상사나 높은 사람을 모시고 일하는 것에 염증을 느낀다. 직장에서 받는 스트레스의 종류만 나열해도 책 한 권을 쓸 정도다.

나와 함께 일하는 사람들을 내가 선택할 수 있는 것이 아니다 보니, 별 희한한 사람을 다 만나게 된다. 내가 물이면 상대방은 기름이다. 누구나 싫어하는 저 사람이 하필 내 직속 상사이다. 그도 아니면 사람들은 다 좋은데 내가 워낙 대인공포가 심해서 어떻게 다가서야 하는지 모르겠다. 직장에서의 문제 중 절반 이상이 이러한 사람 문제일 것이다. 흥미와 적성에 맞지 않는 직장, 쥐꼬리만한 월급으로 나를 착취하는 직장도 있다.

하지만 무엇보다도 중요한 것은, 그토록 힘들어하는 내 현재의 직장도 결국은 내 선택의 결과라는 것이다. 이미 벌어진 내 선택과 결정에 대해서 합리화를 해 나가야 한다. 내 선택을 후회하고 부정하는 것은 결국 내 존재 자체를 부정하는 것이나 마찬가지다. 지금 현재 내가 몸담고 있는 곳이 바로 이 직장이기에, 이 회사 이 책상에 내가 앉아 있는 이유를 찾아내야 한다. 어두운 면만 보이는 것 같은 현재의 직장과 일을 합리화함으로써 스포트라이트를 비출 수 있어야 한다.

필요한 것은
나에 대한 전적인 인정

자신의 일을 합리화하기 위해서 무엇보다도 우선되어야 할 것은, 내 일과 직장의 장점을 찾아보는 것이다. 우리 회사가 너무 싫고 증오스럽더라도 두 눈 크게 뜨고 이 직장의 긍정적인 면들을 찾아본다. 사람 간의 관계가 좋다든가, 팀장님이 온화하다든가, 월급은 별로지만 휴가나 시간 여유가 많다든가, 하다못해 집에서 가깝다든가 하는 이유들을 말이다. 부정적인 면에 한 번 꽂히게 되면 모든 것이 부정적으로 보인다. 선글라스를 벗고 조금은 밝은 눈으로 내 일들을 찬찬히 쳐다본다. 사소하든 크든 그러한 장점들을 하나하나 찾아서 부정적 면들의 시소 반대편에 앉게 한다. 이렇게 부정적 일색인 사고에서 일단 벗어나는 게 필요하다.

내 일을 조금이라도 긍정적으로 바라볼 수 있게 되면, 다른 직장 다른 일들의 명암에도 눈을 뜰 수 있다. 모든 것들은 긍정과 부정이 동시에 존재하는 양면의 동전과 같다. 저 회사가 이 회사보다 좋아 보이더라도, 현실이 꼭 그렇지는 않을 것이다. 신의 직장이라 떠들어대는 곳들에도 희로애락이 있다. 내가 다른 일 다른 직장을 선택했다고 해서 지금보다 훨씬 행복했을 거라 생각한다면, 그것은 맞지 않는 결론이다. 궁금하면 남들에게 물어

모든 과정이 행복한 일은 없다.
나름의 자리에서 의미를 '발견'해 나가는 것에서 일의 재미는 시작된다.
힘들고 어렵더라도, 그 속에서 가치를 찾아내는 스스로를
우리는 좀 더 대견하게 여길 필요가 있다.

보는 것도 좋은 방법이다. "너네는 일이 어때? 회사는 괜찮아?"
와 같은 질문에 100퍼센트 만족한다고 대답하는 사람이 있을
까. 그들이 느끼는 명암과 나의 명암. 예상 외로 사람들은 이런
비교를 하지 않는다. 괜히 물어보았다가 기분만 나빠질 것이라
생각하는 것 같다. 나만 비참해질 것이라 지레 짐작한다. 하지만
누구나 힘들다. 물어보고 확인해야 한다. 회의 때나 발표할 때
유독 목소리가 떨리고 얼굴이 붉어진다 여기는 대인공포증 환
자들. 그들은 좀처럼 자기의 증상을 남들이 어떻게 느끼는지 물
어보지 않는다. 내가 그렇게 느끼니 당연히 남들도 그런 내 모습
을 인지하고 있을 것이라 생각한다. 그러나 정작 남들에게 물어
보면 상황은 달라진다. 의외로 나의 불안한 모습을 인지하지 못
하고 있는 것이다. 신경조차 쓰지 않는다. "그런 상황에서는 누
구나 다 불안한 거 아니에요?" 당연하게 여긴다. 물어보지 않으
면 내 괴로움이 나만의 것이 아님을, 누구나의 고민임을 어찌 알
수 있겠는가. 친구들과의 술자리에서 이야기하기에도 이만한
주제가 없다. 술맛 떨어진다며 그만하자 면박 주더라도 계속 유
도해야 한다. 그들의 힘든 직장사를 들어보고, 내 상황과도 비교
해볼 수 있어야 한다. 나보다 더 힘든 친구들 앞에서 생각지도
못한 위안을 받을지도 모른다.

　사람 간의 문제에서도, 모든 것을 나의 문제로 받아들이지 않

도록 한다. 물과 기름이 섞이지 못한다면 물이 나쁜 것인가 기름이 나쁜 것인가. 잘잘못을 가릴 수 없는 일들이 세상에는 훨씬 많다. 그가 나를 못살게 구는 이유는 내가 못난 놈이어서가 아니라, 그와 내가 다르기 때문이다. 쉽사리 이해받기 어려운 상대가 있다면 섞일 수 없는 물과 기름을 떠올리면 된다. 하필이면 그 사람이 내 상사라서 이런 문제가 생기기는 했지만, 재수가 없을 뿐이다. 비난과 험담을 모두 내 것으로 받아들이지 않도록 한다. 내 눈앞을 통과하는 기차처럼 이 힘든 순간도 언젠가는 지나갈 것이다.

직장에서의 대인관계가 힘든 내성적이고 소극적인 사람들도, 이러한 관계를 발전의 기회로 삼도록 해보자. 고층 빌딩에 실제로 올라가보지 않는다면 고소공포증은 해결될 수 없다. 회의나 발표 울렁증이 있는 사람들은 그러한 상황을 피하기보다는, 문제가 호전될 수 있는 좋은 기회로 삼도록 한다. 내성적이고 진중한 사람들에게도 장점이 있다. 문제에 신중하게 접근하고, 철두철미하고 꼼꼼한 일처리 능력을 보여줄 수 있다. 내 성격 내 기질의 긍정적인 면들을 찾으려 애쓰고, 위기를 기회로서 생각해보는 합리화의 시간이 필요하다.

자기 일이 너무 즐겁고 의미 있다 여기며 일하는 사람들이 세상에 과연 얼마나 있을까. 내가 바라는 세계가 너무 이상적인 것은 아닐까. 조금은 현실적인 차원에서 생각해보는 것도 필요하다. 먹고살기 위해 힘들고 하기 싫은 일을 하는 것이 잘못이거나 부끄러운 일일까. 모든 사람이 의미 있고 즐거운 일을 하는 유토피아는 존재하지 않는다. 대부분 생계를 위해 일하고 스스로의 일에 스트레스 받으며 힘들어한다. 힘들다 느끼지만 견디면서 꾸역꾸역 일하고 있는 나는 오히려 칭찬받아야 할 사람이 아닐까. 내 인내와 내 헌신을 재조명해봐야 하지 않을까. 스스로를 과소평가하지 않도록 하자. 휘파람 불면서 콧노래 부르며 일하는 저 사람보다는 몇 잔의 커피를 거푸 마셔가며 졸린 것도 참으며 악전고투하는 내 자신이 더 대견하지 않은가. 열심히 살고 있는 내 자신이.

하지만 이런저런 합리화에도 아랑곳없이 내 일에 대한 후회와 부정, 분노가 쌓인다면, 인생의 기나긴 터널에서 빠져나오지 못할 것 같다는 불안감이 그래도 존재한다면, 일을 그만두는 것이 낫다. 직장을 그만두는 것이 결혼 생활이나 여타 다른 중요한 것들을 그만두는 것보다는 더 쉬울 것이다. 한강 다리에서 뛰어내릴 바에야 직장을 때려치는 게 낫다. 일단은 내가 살아야 다음을 모색해볼 수 있다. 우연히 만난 다음 회사, 다음 일이 생각지 않았던 만족을 줄 수도 있다. 불확실함의 명암 뒤에 우연한 희망이 도사리고 있을지도 모른다. 그렇다고 현실적 우울과 불안에 파묻혀 일단 여기를 벗어나야겠다는 생각에 무조건 사직서를 던지는 것을 추천하지는 않는다. 이성의 힘이 약해진 우울과 불안 상태에서는, 무언가 중요한 인생의 결정을 하는 것을 권유하지 않는다. 일단 미뤄두자. 내가 더 좋아지기 전까지는. 충분히 안정되고 나아지고 난 후에도 같은 생각이 든다면, 그때는 과감히 뛰쳐나가는 것도 괜찮다. 그만두는 것은 개인의 자유이지만, 감정에 휩쓸린 결정을 하지는 말자. 후회하는 결정을 내려서는 안 되지 않겠는가.

사랑하는 이를 위해서도
변호가 필요하다

결혼이야말로
슬기로운 합리화의 대상

　　　　　　　　　　　　결혼은 행복의 시작이지만, 스트레스의 시작이기도 하다. 스트레스의 주된 원인으로 결혼을 지목하는 연구 결과가 나올 정도니 말 다했다. 얽매이지 않고 누구를 책임질 필요도 없었던 생활에서 누군가와 지속적으로 살아가는 생활로의 변화는 필히 갈등과 대립을 야기한다. 사랑만으로 모든 것을 극복해 나갈 수 있다는 예식에서의 맹세는 세월의 흐름 앞에서 그 당위성을 잃는다. 이혼율과 외도의 증가는 하나의 단면일 뿐이다. 도대체 결혼 생활이란 왜 이리 어려운 것일까.

리처드 도킨스가 《이기적 유전자》에서 주장하는 것처럼, 가정을 꾸리는 우리의 목적이 종족 번식의 본능과 관련된 것이라면 차라리 이런 혼란이 없을지도 모르겠다. 다 그런 것은 아닐 테지만 적어도 우리의 부모와 조부모 세대에서는, 결혼의 목적이 출산과 자녀에 있었다. 아이를 낳고 아이를 키우기 위해 부모가 각각의 의무에 충실한 것이 전통적 가정에서는 너무나 당연한 일이었다. 아이가 생기면 배우자의 하자나 인격적 문제는 아무런 고려가 되지 않았다. 일단 내려진 결정에 대한 모든 업보와 책임을 자신에게 돌리면서 어쨌든 이 가정과 아이들을 성장시키는 것이 부모에게 내려진 임무였다. 부부 사이에 존재할 법한 애틋함과 사랑은 별다른 고려의 대상이 되지 않았다. 검은 머리가 파뿌리 될 때까지 행복하게 살라고 하는데, 정작 어떻게 살아야 행복한 부부가 될 수 있는지는 가르쳐주지 않던 세상이었다. 아니 부부 간의 행복이란 게 별다르게 고려조차 되지 않던 것이 당시의 분위기였다.

반면 요즘 우리의 부부관은 어떠한가. 구태여 출산을 강요하지 않는 분위기, 아이라는 존재로 인해 생길 수 있는 선택의 제한을 받지 않으려는 모습, 가정이 나의 행복에 부정적인 영향을 끼친다는 생각이 들면 언제든지 그만둘 수 있다는 굳은 믿음, 위축되지 않고 상대의 부모에게 언제든 할 말을 할 수 있는 당당함까지. 세상이 많이 변했다는데, 특히 결혼을 생각하는 우리의 태도에 있어서는 천지가 개벽한 수준이다. 스스로의 행복을 가장 우선으로 추구하는 분위기에서 이러한 변화들은 당연한 것으로 여겨진다. 주위의 눈치나 사회적 도덕관도 크게 고려하지 않는다. 남을 신경 쓰기보다는 내 생각대로 말하고 행동한다. 관혼상제에서 '혼'은 이제 그 중요성을 잃어가고 있다.

그 반대편에서는 결혼생활과 배우자에 대한 기대치도 점점 커지고 있는 것이 현실이다. 이전처럼 우리 가족을 배불리 먹여주거나, 위험에서 지켜주거나 필요할 때 힘을 써주는 것만으로 만족할 배우자는 이제 아무도 없다. 모두 사랑을 바란다. 모두 애착을 바란다. 항상 사랑받고 관심받고 있음을, 내 생각과 내 느낌에 배우자가 집중하고 있기를 바란다. 가정을 충실하게 지키는 것만이 아내의 덕목이던 상황도 이제는 변했다. 일과 가정 모두 챙겨야 하는 버거운 상황이다. 맞벌이가 많아지고 있는 현실에서 가정을 유지하는 일은 체력과 정신력 모두를 요구하는 일이다. 정신력과 체력에는 한계라는 것이 있기에 슈퍼맨, 슈퍼우먼 생활이 마냥 계속된다면 그야말로 방전되어버릴 수밖에 없다. 밥만 먹고는 살 수 없기 때문에 서로의 역할에 대한 기대치는 점점 커지는데, 기대가 클수록 실망 역시 커질 수밖에 없다. 요즘의 부부생활이 힘든 것은 이렇게 기대치가 너무나 큰 탓일지도 모르겠다.

결혼은 집안과 집안의 만남이기도 하기에, 상대방 가족에게서 야기되는 스트레스도 결혼생활을 고통스럽게 하는 중요한 이유이다. 배우자와의 문제야 충만한 사랑으로 커버할 수 있다지만, 그 부모에게는 그렇지 못한 경우가 너무나 많다. 상대 부모에 대한 증오 때문에 배우자에 대한 마음이 식어버리는 경우도 많다. 그렇다고 상대방의 부모를 비방하는 것은 부부 사이의 분쟁만 키울 수 있기에 공론화하기도 감정을 표출하기도 쉽지 않다. 양가 가족들과는 담 쌓고 지내는 부부들을 자주 목격하게 되는데, 그렇다고 맘 편하게 사는 것처럼 보이지도 않는다. 마음속에 항상 무언가 짐을 지고 산다. 바꿀 수도 바뀌지도 않는, 하물며 말이 통하지도 않는 상대방 부모의 성격과 기질 앞에서 마음이 곪아 터져간다.

이런 의미에서 볼 때, 요즘처럼 쉽게 이혼을 결정하는 현상을 오히려 긍정적으로 바라봐야 하는 건지도 모르겠다. 이 힘든 생활이 앞으로도 개선될 수 없음을 확신한다면, 이런 환경에서는 나에게도 행복이 없다고 단언할 수 있다면 그곳에서 빠져나오는 것이 가장 확실한 방법이기 때문이다. 랜턴도 없는 채로 동굴

안으로 들어간다고 한들 어떻게 눈부신 빛을 맞이할 수 있을까. 동굴을 빠져나오는 것 외에는 방법이 없다. 단지 전통을 지켜야 한다는 이유만으로 이혼을 부정적으로만 볼 필요는 없다. 새로운 선택 이후 더 행복하게 살아가는 사람들도 많다. 하지만 이런 저런 이유로 결혼을 유지해야 하는 사람들, 이혼을 원할 정도로 증오하지는 않지만 결혼생활이 힘든 사람들, 전통적인 결혼의 맹세를 중요하게 여기는 사람들은 부부갈등을 어떻게 다루어야 할 것인가. 한 개인이 인생에서 내릴 수 있는 선택 중 가장 중대하다는 결혼이기에, 결혼을 얼마나 슬기롭게 합리화하느냐의 문제도 중요한 지점이다.

사랑에서만큼은
네 탓보단 내 탓

직장에서와 마찬가지로, 배우자에 대한 긍정적인 요소를 찾아보는 것 역시 가장 중요한 합리화의 방법 중 하나이다. 그 어느 누구에게도 장점은 있다. 배우자도 마찬가지다. 지나치게 부정적인 면들에 쏠려 있는 우리의 시선을 거두고, 상대의 모습을 겸허히 인정하고 긍정적인 요소를 발견하고 찾도록 애써야 한다. 다른 날도 아닌 바로 오늘, 배우자의 숨겨진 장점을 찾고 이를 말로 표현하는 미션을 완수

해야 한다. 아이 앞에서 화를 잘 참는다거나 성격이 깔끔해 집이 항상 깨끗하다거나, 가구를 잘 고친다거나 상대의 부모님께 안부전화를 잘 한다거나 하는 모든 중요하고도 하찮은 일들을 눈 크게 뜨고 살펴봐야 한다. 이렇게 좋은 점을 힘들게 찾았다 하더라도 말로 표현하지 않는다면 아무런 의미가 없다. 많은 사람들은 자신의 배우자가 내 모든 것을 간파할 거라고 착각한다. 내 표정 내 말투만 보고도 이 사람이 어떤 생각 어떤 감정 상태에 놓여 있는지 알 것이라 생각한다. 과연 그럴까. 우리 엄마 아빠도 내가 말하지 않으면 내 생각과 감정을 모르는데, 나의 남편과 아내가 나를 어떻게 다 알 수 있을까. 표현하지 않으면 아무도 모른다. 그렇기에 표현해야 한다. 배우자의 장점을 나 혼자 알고 있다고 해서 누구에게도 도움 될 것 없다. 상대방의 장점을 이야기하고, 상대방에 대해 유심히 관찰하고 배려하려 노력하는 내 모습을 상대에게 인정받을 필요가 있다. 상대방의 기분을 좋게 만들어 또 다른 장점들이 튀어나오도록 돕는 일도 필요하다. 상대방도 내 장점을 관찰하고 조언하며 용인하게 하는 선순환이 생겨날 수도 있다. 서로가 서로의 좋은 점을 부각시키는 관점의 전환이 벌어질 수 있다.

'그래서, 그렇기에 이 사람은 지금 이렇게 행동하는구나' 이해하고 합리화하는 데 부부처럼 가깝고 용이한 관계는 없다. 우리가 우리 자신 다음으로 그 사람의 인생을 잘 알고 있는 존재는 우리의 배우자이다. 아니 어쩌면 스스로를 잘 알지 못하는 사람들이 많기에 나보다 배우자의 인생을 더 잘 파악하고 있을지도 모른다. 그 사람의 성장 배경과 환경, 그 사람 생의 역사를 잘 파악하고 있다면 상대의 말과 행동의 기원도 비교적 잘 유추할 수 있다. 나를 기분 나쁘게 만드는 그의 행동이 실은 이러한 배경에서 기원한 것이라 합리화할 수 있을 때, 내 마음은 덜 다치게 되고 미움은 이해와 측은지심으로 바뀔 수 있다. 알코올중독 아버지 밑에서 성장한 알코올 문제를 가진 내 남편. 여전히 나를 힘들게 하고 증오스럽지만 적어도 그를 조금이라도 이해하며 바라볼 수는 있게 된다.

상대를 무작정 바꾸려 드는 것은 더 힘든 결과를 초래할 뿐이다. 나만큼의, 혹은 나보다 더 긴 세월을 살아온 사람이다. 사람은 쉽게 변하지 않는다. 나를 사랑한다면 이렇게 바뀌어보라고 애원하더라도 아무 소용이 없다. 사랑하지 않아서 바꾸지 않는 것이 아니다. 사랑하는데도 변화되지가 않는 것이다. 그럼에도 불구하고 많은 사람들이 배우자에 대해 오해하고 있다. 사랑의 깊이와 행동이 변화되는 것은 아무런 관계가 없는데도 말이다. 그렇기 때문에 상대방을 있는 그대로 존중하는 상태에서의 관계 개선이 이루어져야 한다. 배우자의 있는 그대로의 모습을 합리화시켜야 한다. 장점을 찾는 것은 물론이고 다른 사람이 아닌 이 사람이기 때문에 나와 맞는 부분도 생각해봐야 한다. 고양이를 강아지처럼 바꾸고 꾸미기보다는, 고양이의 개성을 유지하며 강아지와 어울릴 방법을 찾아야 하는 것이다.

배우자에 대한 사랑과 애정으로 상대방 부모에 대한 미움과 부정적 감정을 합리화시킬 수도 있다. 어찌되었건 나의 배우자를 만들어준 사람들이지 않은가. 남편과 아내를 바꾸기도 어려운 마당에 양가 부모가 바뀔 거라 기대하는 것은 무리다. 배우자와의 의논과 합의하에 서로가 더 신경 쓰고 사랑해야 할 가족의 단위를 보다 축소시킬 필요도 있다. 어찌 되었건 현재의 1순위는 나의 배우자와 자녀임을 항상 상기할 수 있어야 한다. 이러한 기본적인 사항에 대한 무언의 합의가 잘 이루어진다면, 필요에 따라 상대의 부모와 적당히 거리를 두기도 하면서 서로를 막아주고 변호해줄 수도 있다.

부부의 갈등이 내 문제 때문이라 인정하고 상대방을 미워하려 하지 않는 합리화도 필요하다. 더 예민하게 반응하고 더 화가 나는 것이 사실은 내 문제 때문일 가능성도 많다. 부싯돌 두 개가 서로 부딪혀봤자 생겨날 것은 불꽃밖에는 없다. 일단은 각자가 공격적인 자세를 거둬야 한다. 자체적인 노력과 관리, 때로는 치료를 통해 스스로를 먼저 안정시키는 것이 필요하다. 만성적

갈등으로 서로가 우울과 불안의 한가운데에 놓여 있다면, 부부 클리닉 같은 것들은 아무런 소용이 없다. 때론 거리를 두기도 하고 때론 격려하기도 하면서 먼저 자신을 호전시켜야 한다. 남 탓이 아니라 내 탓을 먼저 해보는 것도 부부갈등의 경우엔 좋은 합리화의 기술이 될 수 있다.

이 사람이 나에게 최고의 배우자임을 합리화시키고, 적당히 다른 부부의 허물을 찾아보기도 하면서, 내가 다른 곳으로 눈 돌리지 않는 이유가 이 사람의 장점과 매력 때문임을 스스로 설득시켜본다. 대부분은 가정이 유지되는 이유를 자신이 도덕적이고 책임감이 강해서라고 생각하지만, 예상 외로 상대방으로 인해 관계가 지탱되는 경우도 많다. 한 가지 주의할 것은, 합리화의 구실로 아이들을 끌어들이지는 말자는 점이다. 아이 때문에 같이 산다고 합리화하는 것은, 추후 아이들에게 자기 불행의 원인을 투사하는 행위가 될 수 있다. "너 때문에 산다"는 말이 나중에는 "너 때문에 내가 불행해졌다"로 바뀔 수 있기 때문이다. 부부 문제를 해결해야 하는 이유에는 나는 물론이고 아이들이 행복할 수 있는 길이기 때문도 있다. 그렇다고 아이의 불행 위에 나의 행복을 쌓을 수는 없다. 부부 문제의 합리화는 철저히 배우자와 나 둘 사이에서 이뤄져야 한다.

아이는 무엇이든 될 수 있고
그 무엇도 될 수 없다

아이는
부모를 선택할 수 없다

아이의 문제로 병원을 방문하는 부모들의 하소연은 다양하다. 말을 안 듣고 산만한 아이, 부모에게 반항적이고 삐딱한 아이, 공부를 도통 안 하려 하고 흥미를 느끼지 못하는 아이, 지나치게 불안한 아이 등 아이들이 겪는 문제는 손에 꼽기 어려울 정도로 많다. 태어나서는 부모의 기쁨이던 아이들도 점점 애물단지가 되어간다. 누구나 아이를 잘 키우고 싶어 하지만 아이는 성장과정에 따라 다양한 욕구와 생각을 하기 때문에, 모든 요구에 물 흐르듯 대응하기가 쉬운 것이 아니다. 아이를 여럿 키운다면 시행착오를 통해 도움을 얻을 수도 있겠지만 요즘처럼 소수의 아이를 낳아 키우는 세상에서는 경험을 통해 지식을 습득하고 시행착오를 극복하기는 어려운 일이다. 그만큼 양육은 어렵다.

어른과 달리 아이들을 상대하기 어려운 이유는, 아이들이 어른처럼 고정된 인격과 사상을 가지지 못했기 때문일 것이다. 아이들은 어른처럼 고정되어 있지 않고 변한다. 아기 때와 아동기, 학령전기와 학령기, 청소년기 때 보이는 아이의 모습이 각기 다르다. 그러므로 부모들도 때와 상황에 맞는 양육 패턴의 변화를 보여야 하기에, 양육이 어려운 것이다. 먹이고 재우는 것이 주가 되는 갓난아기 때부터 애착을 형성해야 하는 아동기와 학령전기, 자율과 애착의 중간에서 줄다리기를 해야 하는 학령기와 어른 대접을 해주어야 하는 청소년기에 이르기까지 아이와 부모의 관계 양상은 현란하게 변해간다. 걸음마기 아기를 키우는 자세로 유치원 아이를 대해서도 안 되며, 아동기의 과잉보호 자세로 청소년 자녀를 대하는 것도 문제가 있다. 그때그때 적절한 조치를 취하지 않는다면 좋은 부모가 되는 미션에서 탈락할 수밖에 없다.

내 뱃속에서 태어난 아이가 어찌 사랑스럽지 않을까마는, 부모자녀 관계가 사랑으로만 점층되는 것은 아니다. 엄마를 냇가에 묻은 청개구리 이야기를 먼 데서 찾을 필요는 없다. 바로 가까이에 있는 우리 아이만 해도 어찌 그리 내 마음을 몰라주는지. 기대와는 반대로 행동하고, 잘못해놓고 떳떳해 하며, 무엇이 잘못인지도 모른다. 아이를 사랑하는 마음과 아이를 대하는 행동이 항상 일치할 수는 없기에 부모도 화를 내고 욱하고 소리를 지르게 된다. 이러한 과정이 누적되면, 자녀를 향한 사랑에도 의구심을 가지게 된다. 마치 내 자식이 아닌 것처럼 화를 내고 거리를 두며, 그에 상처받은 아이는 같이 부모를 미워하고, 세상에서 가장 가까운 관계는 언제 그랬냐는 듯 멀어지게 된다. 아이들은 부모의 마음을 기똥차게 잘 파악하는 경향이 있어서 부모의 표정과 말투, 말의 톤만 보고 들어도 나에 대한 태도를 오차 없이 파악한다. 부모가 나를 미워하는 상태인지 사랑스러워 하는 상태인지를 모두 간파할 수 있다는 것이다.

사람들은 나와 먼 사람들의 장점은 잘만 찾아내면서도, 나와 가까운 사람들을 대할 때는 장점보다 부족한 점을 먼저 파악한다. 배우자도 마찬가지고, 아이도 마찬가지다. 자연스럽게 제대로 알지도 못하는 피 한 방울 안 섞인 아이들과 내 아이를 비교하게 된다. 비교는 아이를 상처입고 멍들게 한다. 자신에 대한 부모의 애정과 관심을 의심하게 만든다. 부모의 비교는 자연스럽게 아이의 비교를 유발한다. 누구의 부모는 어떻더라 하는 비교가 시작되면 부모자식 간의 갈등 상황은 더욱 복잡해진다. 아이가 큰다는 게 더 힘들게 받아들여진다. 단조롭게 생각하던, 자기주장이 별로 없던 그 어린 시절이 천국이었다고 부모들은 생각하게 된다.

부모자녀 갈등이 더 힘든 것은 결혼처럼 물릴 수 있는 기회조차 없기 때문이다. 나에게서 태어난 이 아이는 평생 내 아이다. 어긋난 부모자녀 관계는 평생에 걸쳐서 서로를 괴롭힌다. 부모가 아이의 인생을 결정짓는다. 학대하는 부모, 우울한 부모, 무관심한 부모 밑에서 성장한 아이들은 병원을 찾아 과거에 자신을 괴롭히고 고통스럽게 하던 부모의 이야기를 하면서 눈물 흘린다. 상당히 많은 자녀들이 자신을 고통스럽게 한 부모의 기억에서 평생 벗어나지 못하고 우울증, 성격장애, 불안장애를 호소한다. 부모도 마찬가지다. 아이 때문에 생기는 우울감, 자책감, 화 등의 부정적 감정으로 끝없이 괴로운 시간을 보낸다. 아이를 병원에 데려온 부모에게 필요한 것은 정작 본인의 치료와 안정이다. 아이를 좋아지게 하기 위해서는 직접 아이와 대화하고 상호작용하는 부모의 변화가 필수 요소이기 때문이다. 부모가 아이에게 욱하지 않고 아이의 생각과 마음을 읽어줄 수 있을 만큼의 안정적인 상태를 만들어야 관계를 회복할 수 있다. 불안정한 마음은 불안정한 태도를 야기할 수밖에 없기 때문이다.

내 아이라는 사실을 물릴 수 없으며 평생 이어질 사이이기 때문에 자녀 관계에서의 합리화는 매우 중요하다. 적절한 합리화는 갈등으로 인한 스트레스를 최대한 줄이고, 자녀를 더 잘 대할 수 있는 동기부여를 제공하며 관계 개선을 도모한다. 필요 없는 다툼이나 감정싸움을 하지 않도록 만들고, 성장 과정에 맞는 양육환경을 꾸려나가는 데 도움을 준다. 그렇다면 자녀와의 관계에서는 어떤 합리화 기술들이 필요할까.

자녀의 모든 성향이
가능성이다

가장 먼저 아이의 긍정적인 요소를 찾는 작업이 필요하다. 부모일수록 자녀의 부정적인 면에 집중할 가능성이 크기 때문에, 반대급부를 찾아 균형을 유지하는 작업이 필요하다. 아이의 긍정적인 면을 찾아 칭찬하는 것은 부모 상담에서 많이 나오는 주제들이다. 이 작업은 생각 외로 재미있고 흥미진진하다. 아이의 장점을 찾으려는 과정에서 평소에 보지 못했던 아이의 새로운 면들을 관찰하게 되기 때문이다. 마치 평소에 관심 없이 지나다니기만 했던 내 동네가 무척 낯설게 느껴지는 것과 비슷한 양상이다. '내 아이에게 저런 면이 있었단 말이야?' 하면서 아이의 낯선 모습을 발견할 수도 있다. 이는 평소에 더 관심을 가지지 못했던 나에 대한 자책으로 이어질 수도 있고, 건전한 자책은 아이에 대한 깊은 관심으로도 이어진다.

부정적으로 간주해왔지만, 실제로 부정적이기만 한 것은 아닌 면들도 있을 수 있다. 우리 아이는 공부를 잘 못하는 게 문제라고 간주하는 부모가 있다. 공부를 못하는 게 아이의 부정적 모습인가? 아니면 부모의 기대를 충족시켜 주지 못하는 아이에 대한 부모의 부정적 투사인가. 긍정인지 부정인지 좀처럼 구분할 수 없는 것들이 세상에는 많이 있다. 내가 부정적이라고 생각하는 내 아이의 모습, 어쩌면 그것은 내 기대치의 반영일 수도 있다. 내가 기대하는 아이의 모습과 어긋나는 면들일 수도 있다. 활발하고 활동적인 아이를 좋아하는 부모는 내성적이고 소심한 아이의 모습을 부정적으로 간주하고, 반면 차분하고 얌전한 것을 좋아하는 부모는 산만하고 끊임없이 뛰어다니는 아이를 부정적으로 느낀다. 아이의 기질과 개성은 무시한 채 부모의 기대치에 따라 긍정과 부정을 결정한다. 거의 모든 분야에 걸쳐서, 아이에 대한 나의 부정적 시선이 정말 옳은 것인지 따져보아야 한다. 긍정으로까지는 아니더라도, 부정을 부정이 아닌 것으로 바라보는 합리화가 필요하다. 수업시간에 얌전하고, 충동적인 행동을 하지 않고 지시에 잘 따르는 것이 이상적인 것이라 간주되기 때문에 ADHD 같은 질환이 정의되는 것 아니겠나. 엉뚱하고 때론 독특하며, 예상외의 행동을 하는 아이를 긍정적이고 독창적인 아이로 바라보는 사람들은 많지 않다. 이렇듯 긍정과 부정은 사회와 문화의 영향을 받기에, 그러한 선입견을 떼어내고 다시금 우리 아이의 면면을 살펴볼 필요가 있다.

아이가 나에게 기쁨을 주는 순간들도 살펴볼 필요가 있다. 긍정적인 면을 찾는 것의 변형된 형태인데, 부모인 나에게 보다 더 초점이 맞추어진 합리화의 모습이라 할 수 있겠다. 아이가 나에게 스트레스만을 유발한다 생각되겠지만, 예상치 않게 아이가 나를 웃음 짓게 하는 순간들도 있을 것이다. 어쨌든 우리는 부모이기에, 언제나 아이로 인해서 기쁨을 느낄 준비가 되어 있는 사람들이다. 화와 실망의 순간을 기쁨과 즐거움의 순간으로 보상받는다. 갓난아이를 키우는 부모는 아이 재우랴 먹이랴 달래랴 정신이 없다. 몸은 지치고 정신은 피폐해져 간다. 그래도 아이의 환한 웃음과 옹알이 하나에 없던 힘이 생겨나고 피곤함은 사라지게 된다. 육체적 정신적 피곤함을 보상받는 기쁨의 순간이다. 단지 갓난아이에만 해당되는 사항은 아닐 것이다. 작은 아이는 작은 아이대로 큰 아이는 큰 아이대로, 부모의 기쁨이 되는 순간들이 있다. 그 순간을 찾아야 한다. 어느새 커버린 아이가 목

욕탕에서 내 등을 밀어주는 순간, 엄마의 청소를 도와주는 순간, 부모의 싸움을 말리려 의젓한 말 한마디 건네는 순간 등 얼마나 많은 경우들이 있는가. 그러려면 일단 부모인 나 스스로의 생각과 느낌들을 잘 살펴볼 수 있어야 한다. 이러한 활동은 좋은 연습이 되어서 나중에는 자녀의 생각과 느낌을 살필 수 있는 좋은 밑천이 될 것이다.

아이가 스스로의 성장과업을 잘 달성하고 있는 것으로 간주하고 합리화하며 위안을 받을 수도 있다. 걸핏하면 말대꾸하고 부모의 지시를 어기려 하는 아이는, 한편으로는 부모에게서 떨어져 나가려고 하는 청소년 시기의 과업을 달성중인지도 모른다. 익숙하지 않은 아이의 모습에 낯설고 화도 나겠지만, 아이가 성장하기에 어쩔 수 없는 일이다. 이 기회에 아이의 자율과 그에 따르는 책임감을 심어줄 수도 있을 것이다. 성인 대접 받고 싶어 하는 아이에게 성인 대접을 해줌으로써, 오히려 부모가 나의 욕구를 잘 이해하고 있다는 인상을 심어줄 수도 있는 것이다. 이렇게 가끔은 일상적인 생각들에 반대되는 방식이 좋은 합리화로서 기능할 수 있으며, 양육에서는 더욱이 좋은 방법들이 된다.

부정적인 면들을 적극적으로 인정하는 것도 방법이다. 지나치게 산만하고 활동적인 아이를 운동선수로, 게임에만 몰두하는 아이를 프로게이머나 프로그래머로, 내성적이고 뭔가에 지나치게 몰두하는 아이를 장래 학자가 될 아이로 간주할 수 있다. '너는 그런 걸 좋아하는구나, 그런 쪽에 소질이 있구나' 간주하며 일찍 공부하고 익히도록 만들 수도 있다. 자신이 좋아하는 걸 하니 아이에게도 나쁠 것 없다. 중고등학생이 되어도 본인의 특기나 소질조차 알지 못하는 아이들, 원하지 않는 전공과목과 원하지 않는 길을 선택하는 아이들이 수두룩한 것을 감안한다면 이런 합리화도 꽤 괜찮은 것 아니겠는가.

아이의 문제를 해결하고, 아이를 더 잘 키우기 위해 부모가 머리를 맞대고 고민하는 과정에서 부부 사이의 애정도 더 깊어질 수 있다. 아이로 인해 부모 관계가 돈독해진다. 내 가정 내 집을 지탱하는 가장 중요한 것이 우리 아이일지도 모른다. 우리 아이는 존재 자체로 가치를 발한다. '과연 이토록 소중한 존재인 아이 없이 우린 우리 인생을 잘 살아낼 수 있었을까. 다시 과거로 돌아가 선택을 할 수 있다면, 나는 과연 우리 말썽쟁이 없이 행복하게 사는 삶을 택할 것인가. 과연 그 삶이 기대만큼 행복할 수 있을까.' 아이의 출생의 순간을 기억하며, 성장 앨범을 넘겨보며 '만약'이라는 가정법을 대입해보도록 하자. 아마도 어려운 일이 될 것이다. 아이 없는 행복한 순간을 떠올리는 것이. 아이 없이도 행복했으리라 상상하는 것이.

당신의 모든 인생을
인정하라

우울은 인생에 대한
태도의 결과다

"인생에서 아무것도 해놓은 게 없어요."

"실패뿐이고 비극일 뿐이에요. 남들은 저렇게 잘들 사는데."

"그때로 돌아갈 수만 있다면 이렇게 살지는 않을 텐데."

오늘도 우울을 경험하는 사람들이 진료실에서 풀어놓는 이야
기다. 부정적인 감정에서는 부정적인 생각만이 싹틀 수밖에 없
다. 우울증이 무서운 이유는 비단 현재뿐 아니라 과거와 내 미래

까지도 침울하게 물들이기 때문이다. 그들은 과거에도 즐거웠던 적이 없었다 하고, 앞으로도 악몽의 시간들이 지속될 것이라 믿는다. 그 과정에서 가장 스스로를 괴롭히는 것은 '모두가 내 탓이다' 바로 이 자책이다. 모든 것을 자신의 잘못으로 돌리면서 그나마 있던 자존감까지 갉아먹는다. 못난 나는 이전부터 못나게 살았고 현재도 못났으며 능력이 없으니 앞으로도 비참하게 살 수밖에 없다 여기며 비관에 빠지게 된다.

어쩌면 내가 가장 지켜내야 할 대상은 내 인생인지도 모른다. 직장과 가족 등의 구체적인 대상과 관련해 스트레스를 줄이는 일도 중요하지만, 내 삶 자체에 대한 변호를 통해 나라는 존재를 지켜내는 일이 가장 중요하다. 그때는 왜 그런 선택을 했는지, 내 인생이 정말 그토록 엉망인 것인지, 현재의 내 모습이 그리 나쁜 것인지에 대해서 말이다. 우울해서 인생이 실패라 느껴지고, 인생이 실패라 느껴지니 더 우울해진다. 우울한 감정은 더 심한 실패를 상기시킨다. 결국 이 모든 악순환은 마음에서 일어나는 것이니, 우리는 이 악순환을 끊어내야 한다. 우울한 기분을 치유하기 위해서는 상담이나 치료, 개인적 활동 등의 시도들을 해볼 수 있을 것이다. 실패한 인생에 대해서는 어떻게 대해야 할까. 현재의 기분상태는 치료로 끌어올릴 수 있다 하더라도, 지나간 과거를 돌릴 수는 없으니 말이다. 물론 기분이 나아진다면 이

전에는 그렇게 실패로 여겨졌던 내 인생이 또 다르게 보일 수도 있다. '그렇게 나쁜 것만은 아니었어' 하면서 말이다. 하지만 인생의 여정 그 자체에 대해서도 새로운 사고와 접근이 필요하다. 내 삶을 다시 보는 과정, 이 과정 속에서 합리화는 중요한 역할을 할 수 있다.

내 인생이 괜찮았는지 혹은 그렇지 않았는지를 결정하는 존재는 바로 나 자신이다. 나 자신의 결정을 과연 얼마나 신뢰할 수 있을까. 순간적인 감정에 휩쓸려 내 인생에 대한 그릇된 폄하를 저지르고 있지는 않은가. 내 인생의 성공 여부는 나의 경험과 생각들을 재료 삼아 순전히 내가 결정하는 주관적인 판단이다. 전지전능한 누군가가 너의 인생이 성공한 것인지 실패한 것인지를 결정해주는 것이 아니기 때문에, 나의 결론은 순전히 나만의 생각일 뿐이다. 누군가는 내 인생을 부러워할 수도 있고, 의외로 남들이 보기에 긍정적인 요소가 많은 삶일 수도 있다. 혼자만의 판단에 빠질 것이 아니라, 타인이 보는 나의 인생, 나의 모습에 대해 의견을 들어볼 필요가 있다. 내 생각이 우물 안 개구리는 아니었는지 살펴보고, 내 생각이 언제나 옳을 수는 없다고 여기면서 스스로를 합리화할 필요가 있다.

과거의 결정들을 돌이켜볼 필요도 있다. 지금에 와서는 후회가 되는 결정이라 하더라도, 당시에는 나름대로 다 이유가 있는

선택이었다. 다시 그때로 돌아간다고 해도 다른 결정을 내리기
란 어려운 일일 것이다. 스스로의 고민과 주변의 조언, 환경 등
을 모두 고려하여 내린 결정이기 때문이다. 그런 결정을 내린 것
은 불찰이나 잘못이 아니다. 또한 그 결정들의 결과가 지금 명확
하게 결론지어진 것도 아니다. 현재로서는 당시의 결정이 잘못
된 결과를 낳게 한 원인처럼 다가오지만, 남은 인생에서는 어떻
게 작용할지 모르는 일이다. 고진감래라는 사자성어를 단순히
남의 일이라고만 생각하지 말고 나에게 벌어질 수 있는 일이라
여기며 현재를 버텨낸다면, 미래에는 또 다른 결과가 나타날 수
도 있다. 내 인생의 결과를 예단하기에는 현재의 나는 너무나 젊
고 창창하다. 20대는 20대, 30대는 30대, 40대는 40대의 시선
에서 인생을 바라보아야 한다.

합리화가
인생을 구원한다

진료실에서 우울증으로 고생
하는 사람들을 만날 때 가장 안타까운 점 중 하나는, 다들 자기
탓만 한다는 것이다. 내가 욕을 먹는 것도 나의 탓, 이렇게 사는
것도 나의 탓이다. 자책의 수위가 지나쳐 다소 병적이라고까지
여겨진다. 우리는 남의 탓을 하기보다는 내 탓을 하는 것이 건강

한 방식이라고 배운다. 나의 성찰과 발전을 위해서 말이다. 하지만 온전히 내 책임이 아닌 순간에도 모든 것을 내 허물로 돌릴 때는 문제가 발생한다. 파란불이 들어와 횡단보도를 건너는데 제대로 확인하지도 않고 보도를 침범한 차에 치일 뻔한 것이 나의 잘못인가, 운전자의 잘못인가. 하지만 지나치게 자책하는 사람들은 대부분 제대로 차를 확인하지 못한 자신을 탓한다. 이런 식의 자책은 자기 발전이나 성숙한 품성을 드러내는 표식이 아니다. 스스로 지나치게 자책을 많이 하는 사람이라면, 그만큼 우울하다는 증거일 것이다.

상대방의 허물이 분명한 상황에서 남 탓을 하거나 투사하는 것은 미성숙한 증거가 아니라 더 나은 상황을 위한 필수적인 과정이다. 모든 것을 나의 허물로 돌리는 패턴에서 벗어나야 한다. 폭력적인 아빠, 무시하는 엄마, 부모의 부재 밑에서 자란 아이가 우울한 사람이 된 것이 내 잘못인가. 글자 하나 가르쳐주지 않는 환경에서 자란 아이가 남들보다 언어가 늦는 것이 내 잘못은 아니지 않겠는가. 모든 것을 내 탓으로 돌리는 우울한 사람이, 상담과 치료를 통해 내가 아닌 내 환경과 부모에게도 문제가 있음을, 나는 그 상황 속에서도 어떻게든 버티며 살아오려고 아등바등 해왔음을 인지할 수 있을 때, 우울은 한 꺼풀 벗겨지게 된다. 오히려 현재의 나를 위로하고 대견하게 여길 수 있게 된다. 이러한 상황에서 '남 탓, 환경 탓'은 미성숙한 투사가 아닌, 나를 지키는 합리화가 될 수 있다.

현재의 내 모습에 만족스러운 부분들은 없는지도 잘 살펴볼 필요가 있다. 부정적인 마음에서는 부정적인 현실들만 보이기 때문에, 그래도 이런 점들은 꽤 괜찮은 부분이라며 내 삶의 장점들을 찾아본다. 빈 종이를 펼쳐들고 곰곰이 생각해보고, 떠오르는 것들을 종이에 적어 옮겨본다. 그래도 생각나지 않는 경우에는 나랑 가까운 타인들의 도움을 받을 수도 있다. 내 장점을 찾아보고, 그것들을 남들에게 확인해보는 과정 중에 생각이 바뀌고 기분은 전환될 수 있다. 내 장점, 내가 만족스러워 하는 부분들을 타인에게서 찾을 수도 있다. 내가 소유한 사람들, 내 가족, 내 친구, 내 주변의 사람들에게 호감과 만족을 느낀다면 그것도 나의 장점이 될 수 있다. 좀 더 넓은 시선으로 스스로의 긍정적인 면들을 찾아볼 필요가 있다.

삶에 대한 기대치를 조정하는 것도 하나의 방법이 될 수 있다. 행복하지 못하기에 불행함을 느끼는 것은 나의 과도한 기대치 때문이다. 노인회관의 많은 어르신들은 별 걱정 없이 살 수 있는 것만으로도 행복하다는 이야기를 한다. 그들은 삶에 대한 기대치를 많이 내려놓은 사람들이다. 오랜 세월 모진 풍파 속에서 구르고 넘어지며 삶을 헤쳐 오면서 내린 결론이다. 더 많은 돈,

삶은 내가 내린 결정들로 정의된다.
나의 결정을 스스로가 어떻게 해석하느냐에 따라
내 삶의 가치도 달라지는 것이다.
스스로의 부족하고 가녀린 부분을 조용히 감싸주고 안아주는 일,
그로 인해 내 삶의 값어치를 더 높게 쳐주는 일, 그것이 바로 합리화다.

더 똑똑한 자녀, 더 높은 위상이 내 행복을 대변해주지는 않는다. '이 정도가 어때서' 합리화하는 것은 과도한 비교로부터 나를 보호하고 나만의 세상에서 내 삶을 결론지을 수 있도록 도와준다.

나의 삶은 내가 내린 결정들로 정의된다. 과거에 해온 결정들과 앞으로 해야 할 결정들. 번복할 수 없다면 그 결정들을 계속 합리화해 나가며 스스로에 대한 의구심을 지워 나가야 한다. 인생은 한 번 사는 것이다. 후회 속에서 살 것인지 뻔뻔하고 당당하게 살 것인지는 내가 결정할 문제다. 내 삶의 태도를 통해 내 인생의 장밋빛 유무가 결정된다. 임종의 순간에서도 '이만하면 잘 살았지' 생각할 수 있는 것은 오랜 기간 다져온 합리화의 결과이다. 인생은 수많은 합리화로 점층되어, 삶이 끝나는 순간까지 이어지는 것이다.

상처와 선 긋기

상처투성이의
우리

　　　　　　　직장에서, 가정에서, 인생 전
반에서 우리의 모습은 어떠한가. 오늘 하루도 우리는 수많은 상
처와 아픔을 감당해야 한다. 잘 알지도 못하면서 나를 험담하는
친구들 때문에 학교에 가기 싫다 버티는 아이들, 상사의 모욕과
가족의 몰이해를 견뎌야 하는 직장인들, 심지어 생판 처음 보는
사람들마저 마치 나를 업신여기며 지나가는 듯한 기분을 감내
해야 하는 많은 사람들. 오늘 하루 우리 모두는 크고 작은 상처

속에서 살고 있으며 사소한 누군가의 말 한마디에 상처를 받고 고통을 겪는다.

과거의 상처도 무시할 수 없다. 병원을 찾는 많은 사람들이 소위 마음의 '트라우마'로 인한 고통을 호소한다. 그러한 트라우마는 내가 원했던 것도 아니고, 예측할 수 없었을 뿐더러, 나의 잘못도 아닌 것들이다. 이제는 모든 상황이 종결되었으며, 더 이상 현재진행형이 아닌 것들이 대부분이다. 부모의 폭언과 폭행, 친구들의 따돌림, 강도와 같은 사건사고, 자연재해까지. 그러한 환자들은 과거의 상처를 현재진행형으로 유지하고 여전히 스스로를 괴롭히게 내버려둔다. 지나간 과거와 현실 사이에 장벽을 세우지 못하는 것이다. 그 상처들이 평생 자신을 괴롭힐 거라고, 그 트라우마 속에서 살아갈 수밖에 없다고 자포자기한다. 상처에 대해 이야기하는 것을 꺼리고, 억누르고 잊으며 살아가려 하지만 불쑥불쑥 튀어나오는 과거의 기억 속에서 잦은 불안과 우울을 호소한다.

고립된 공간에서 혼자 살아간다면 모르겠지만, 어차피 우리는 원하든 원하지 않든 사람과의 관계 속에서 살아가야 한다. 관계는 안정을 만들기도 하지만, 또한 갈등을 야기한다. 어릴 때는 몇몇 친구나 가족 등 관계의 범위가 그리 넓지 않았다. 하지만 성인이 된다는 것은 곧 수많은 관계의 거미줄을 만들어내야 함을 의미한다. 직장에서 다양한 사람을 만나고, 군대에서 온갖 종류의 사람들과 맞닥트리며, 결혼은 가족의 범위를 두 배 이상 확장시킨다. 관계의 범위가 넓어진다는 것은 더 많은 내 편을 사귈 기회를 제공하기도 하지만, 한편 더 많은 적들과의 마주침을 야기한다. 내 주변에 대략 10퍼센트의 적들이 있다고 치자. 과거 주변에 10명의 사람이 있을 때는 한 명의 적을 상대할 뿐이었지만, 100명의 사람이 있는 지금 나에게는 10명의 적이 있다는 말이 된다. 나에게 상처를 주는 적이 한 명뿐이라면 어떻게든 무시가 될지 모르겠지만, 10명이라면 이야기가 달라진다. 90명의 우호적인 사람들은 10명의 적 앞에서 눈에 들어오지 않을지도 모른다. 어른이 된다는 것은 그래서 힘들다. 어쩔 수 없이 넓은 관계 안에서 살아가야 하고, 그 안에는 온갖 다양한 사람들이 존재하기 때문이다.

사람들은 과거의 상처들을 잊으려 애쓰지만, 이상하게도 애를 쓰면 쓸수록 생각은 물러날 줄 모르고 오히려 쓰나미처럼 내 머리를 파고든다. "잊어버려"라고 위로하는 것은 큰 도움이 되지 않는다. 스스로도 잊어버리려 애썼지만, 번번이 실패해왔기 때문이다. 트라우마에서 벗어나기 위해서는 불안·우울과 같은 정서적 문제에서 충분히 회복되어야 하는데, 이러한 기회를 잡는 것은 쉽지 않다. 부정적인 정서는 끊임없이 과거의 기억들을 불러낸다. 우울해서 기억이 나고, 기억이 나니 더 우울해지는 형국이다. 일상적인 생활에 충분히 집중하면서 트라우마에 얽매이지 말아야 하는데, 그들은 일상의 생활에 충분히 몰두하지 못한다. 일상의 생활들이 오히려 상처에 집중하기 위한 시간들이다. 스스로 원해서 그렇게 된 것이 아니다. 트라우마를 떠올리며 힘들어 하는 것에 너무나 익숙해져버린 것이다. 계속된 불안 속에서 살다 보니, 이제는 편한 시간들이 오히려 이질적으로 느껴진다. 두 다리 쭉 뻗고 쉴 수 있는 환경에서도 그들은 비자발적으로 트라우마를 떠올리며 긴장된 상황을 만든다. 불편한 게 편하고, 편한 것이 불편한 이질적인 나날이다.

행복을 위해, 적어도 우울과 스트레스에서 벗어나기 위해 가장 필요한 것은 아마도 상처를 대하는 마음을 바꾸는 것일지 모른다. 선을 넘는 상처와 필요 이상의 고통에 나를 내던지지 않는 자세 말이다. 상처는 도처에 널려 있다. 과거의 트라우마는 언제 불현듯 내 머릿속을 침입할지 모른다. 이러한 상황에서 우리는 어떻게 스스로를 보호할 수 있을까. 올바른 합리화가 필요한 이유다. 나를 상처주는 나쁜 생각들을 나를 지켜줄 수 있는 좋은 생각들로 교체할 필요가 있다.

더 이상의 상처를
거부할 권리

일상의 상처들이 나를 공격해 들어올 때, 습관처럼 합리화하려는 노력이 필요하다. 그러기 위해서는 무엇보다도 스스로의 마음상태를 항상 주시하는 노력을 해야 할 것이다. 만일 어떤 상처가 나를 휘저어놓고 지나갔는데 당시에는 그것이 상처인지 몰랐다고 하자. 지나고 나니 그 상황이 나에게 상처를 남긴 것을 알게 되었다. 마음은 화와 분노로 가득하고, 불필요한 자기비판으로 가득 차게 된다. 기차가 지나가버렸는데 뒤늦게 기차에 올라타려 하는 형국이다.

병에 걸려서 치료하는 것보다는, 병에 걸리지 않도록 예방하는 것이 더 낫다. 상처가 흉터로 남지 않게 하기 위해선 상처의 순간에 얼마나 올바른 처치를 하는가가 중요하다. 무엇보다 중요한 것이 항상 마음의 날씨에 집중해야 한다는 것이다. 문득 화가 나거나, 서글프거나, 울적하고 불안해지지 않는가? 당신이 상처를 받고 있기 때문일 것이다. 내 앞에 있는 이 사람 때문일 수도 있고, 아니면 이 상황이 가져다주는 어떠한 생각 때문일 수도 있다. 스스로의 마음에 빨간불이 들어오는 것을 느낀다면, 바로 지금 그 순간 상처를 합리화해내야 한다. 합리화는 그래서 좋은 것이다. 어떠한 치밀한 준비가 없더라도 그 상황에 맞게 적절한 재료들을 마련해낼 수 있기 때문이다. 순간순간의 상처에 대해 임기응변을 발휘해낼 수 있다. 상처투성이의 세상이라면, 언제나 내 바지주머니에서 끄집어내어 사용할 수 있는 그러한 방어수단들이 필요하다. 행동이 아닌 생각으로 만들어내는 합리화이므로, 더욱 유용하고 편하다.

상대방이 나를 대하는 방식과 태도를 나에게 유리한 쪽으로 해석해내야 한다. 마치 물과 기름과 같은 존재일 뿐이라고 여기면서 불필요한 자기비하에서 자신을 건져내야 한다. 내 주변에 있는, 나를 사랑하는 많은 사람들의 존재를 떠올려볼 수도 있다. 어차피 모든 사람들에게 이해받으며 살 수는 없다. 모든 사람들이 날 좋아할 수도 없다. 이질적인 사람과 사람 사이의 만남에서 갈등은 필요불가결한 것이다. 나만 이런 상처를 받는 것도 아니다. 모두가 갈등과 상처, 비난 속에서 살아가고 나도 그 구성원 중 하나일 뿐이다. 솔직하게 상처를 얘기하고 새로운 관계개선의 수단으로 이용할 수도 있다. 배우자에게, 직장 상사에게 상처받은 마음을 솔직히 말로 표현함으로써 이해받고 새로운 대화의 장을 열 수도 있다. 필요한 경우에는 적절히 거리를 둘 수도 있다. 밀고 당기며, 적절히 무시도 하고 비난도 하며 그렇게 상황에 맞는 합리화를 해 나가야 할 것이다.

상처가 곪고 흉터가 되기 전에 이렇듯 즉각적인 접근을 해 나가야만 할 테지만, 과거의 상처에 대해서도 마찬가지의 노력을 기울일 필요가 있다. 더 이상 과거의 상처가 나를 괴롭히도록 내버려둘 수는 없다. 트라우마는 과거이지만, 현실에서의 나는 여전히 고통받고 있다. 과거가 현실을 침범하여 나를 괴롭히지 않도록 스스로를 지켜야 한다. 내가 환경을 선택할 수 없었음을, 나의 잘못이 아니었음을 증명해내는 수단들을 계속해서 찾아내야 한다. 그 상황에서 내가 딱히 무언가를 할 수 없었음을 상기해야 한다. 횡단보도에서 차가 갑자기 달려들면 보통 사람들은 피할수 있을 거라 생각하지만, 막상 그런 상황이 닥칠 때 대부분의 사람들은 얼어붙는다. 그때의 나도 그렇게 얼어붙어 있었던 것이다. 무언가를 하지 못했다고 스스로를 비난할 필요는 없다.

지금의 내가 얼마나 괜찮은 사람인지 스스로 찾아보고 느낄수 있어야 한다. 과거의 그 사람들이 나를 무시하고 못났게 여겼다고 해서, 지금의 나도 못난 채로 남아 있는 것은 아니다. 때로는 현실을 최대한 객관적으로 자각하도록 노력하는 것이 과거와의 단절에 도움이 될 수 있다. 나쁜 부모 밑에서 자란 사람일수록, 지금의 내가 좋은 부모임을 스스로 설득해낼 수 있고, 또 그래야만 한다. 시간이 흘렀고, 원하든 원하지 않든 지금의나는 많이 변했다. 과거와 현재의 이질성을 찾아보는 작업을 통하여 시간의 흐름을 깨우칠 수 있다.

만신창이 인생이 아니라, 스스로 그럭저럭 잘 버티며 견뎌온 인생임을 자각할 수 있어야 한다. 실제로 당신은 잘 견디고 버티며 살아왔다. 당신의 현재의 고통은 과거의 상처 속에서 살아남은 하나의 훈장과 같은 것이다. 현재 이 순간의 나의 삶의 투쟁에의 부산물과 같은 것이다. 숨기지 말고 오히려 자랑스럽게 이야기해야 할 것들이다. 과거의 상처들은 앞으로도 언제 어디서 나를 괴롭힐지 모를 일이겠지만, 이제는 그것이 오히려 나를 더 단단하게 만들어줄지 모를 일이다. 친구처럼 상처를 대하자. 평생 같이 갈 동료이자 친구.

여전히 합리화가 두려운
당신에게

합리화의 가장 보편적 예시인 여우와 신포도 이야기는 이 책 전체를 관통하는 중요한 주제이다. 여우가 포도를 못 먹는 것을 합리화했다고 단순하게 간주하기보다 여우의 행동을 사려 깊게 생각해볼 필요가 있다.

가장 중요한 지점은 여우가 남들에게 비난받을 행동을 하지 않으면서 스스로의 행동에 정당성을 부여했다는 것이다. 자기 최면에 돌을 던질 수 있는 사람은 아무도 없다. 만일 그렇다면 지나친 오지랖일 뿐이다. 합리화는 도덕심과 관련되는 문제가 아니다. 타인에게 피해주는 행동을 한 것도 아닌데 도덕을 논할 수 있겠는가. 무엇보다 대부분의 사람들은 타인의 문제에 큰 관심을 가지지 않는다. 내 몸 하나 간수하기도 바쁜 세상이다. 남들이 뭘 생각하든 어떻게 자신을 합리화하든 별다른 흥미를 보이지 않는다. 남의 눈을 지나치게 의식해서, 불필요한 도덕관에 사로잡혀서, 자책과 자기혐오에 휩쓸리는 것만큼 안타까운 일은 없다.

세상은 우리를 더욱더 채찍질하려 한다. 포도를 따먹지 못하는 우리를 비난하고 공격하며 끊임없는 개선과 발전만을 요구한다. 우리가 실패할 때마다 무능함과 무책임이라는 멍에를 씌운다. 세상은 여우인 당신에게 원숭이나 기린이 될 것을 요구한다. 포도를 따먹을 수 있는 키를 갖추고 태어나든가, 아니면 열심히 노력해서 나무를 잘 타기를 바란다. 태생이 안 되면 노력이라도 해서 타고난 핸디캡을 극복하라고 요구한다.

하지만 여우는, 기린도 될 수 없고 원숭이도 될 수 없다. 여우가 여우인 것을 가지고 비난을 받아야 하는가. 당연히 불가능한 것인데도 자신을 극복해내지 못했다는 이유로 스스로를 비참함과 자기비하 속에 침잠시켜야 하나. 여우만의 장점과 개성이 있는데도 불구하고 아무도 이를 살피지 않는다. 있는 것들은 당연하게 여기면서 없는 것들을 보다 더 갖추기를 바란다. 긴 목과 무엇에든 잘 매달릴 수 있는 능력이 여우에게는 애초에 불가능한 것이라고 해도 누구도 이를 고려하지 않는다.

　이렇게 보면, 정말로 문제가 되는 것은 우리가 아닌 세상일지도 모른다. 환경이 우리를 병들게 만든다. 포도를 따먹지 못하는 것을 문제로 여기는 세상이, 결국 우리를 불필요한 무능함과 자책으로 몰아넣는다. 아이들이 다소 산만하고 행동이 과하다고 해서 모두 문제가 있는 것은 아니다. 문제가 있는 것은 바로, 충동조절이 안 되는 아이들을 좁은 교실에 몰아넣고 몇 시간씩 가만히 얌전하게 앉아 있기를 바라는 세상이자 사람들의 고정관념이다. 구속 없이 자유로운 행동을 포용하고 허용할 수 있는 환경에서는 ADHD 같은 질환도 줄어들 것이다. 나의 산만함을 탓하며 한탄에 빠진다고 해서 이로울 것은 하나도 없다. '저 행동이 뭐가 어때서?', '내가 이럴 수밖에 없는 건 당연한 거 아니야?'라는 생각으로 내 아이를, 나 자신을 지켜낼 수 있어야 한다. 현대인에게서 우울증이 빈번해지는 이유는 아마도 환경의 압박 때문일 가능성이 크다. 기대치는 하늘을 찌르는데, 사람들의 능력은 이에 미치지 못하는 것이다. 먼 나중에는 치타처럼 뛰지도, 독수리처럼 날지도 못한다는 이유로 근거 없는 비난에 휘말릴지도 모를 일이다. 당신의 환경은 당신에게 전혀 우호적일 준비가 되어 있지 않다. 동시에 누구도, 나에게 포도를 먹으라고 명령할 수 없다.

우리가 합리화를 해야 하는 이유는, 가끔은 세상이 우리에게 말도 안 되는 것들을 요구하기 때문이다. 그것이 부당하다는 것을 알면서도, 그러면서도 감히 저항하지 못한다. 다들 그렇게 산다고, 남들도 똑같이 불합리를 견디며 살고 있다고 여기기 때문이다. 이토록 가학적인 세상에서 우리는 수많은 상처와 스트레스의 가능성 속에 놓여 있다. 언제 비난받고 공격당할지 모른다. 세상이 나를 부당하게 공격하는 거라면, 굳이 나도 도덕적인 잣대에 매달릴 필요가 없다. 남들이 좋아하는, 남들이 이상이라 여기는 것들에 얽매일 필요도 없다. 나만 좋아하고 나만 납득하면 그만이다. 언제까지 남들의 눈치를 보며 살 것인가.

사랑하는 가족은 예외가 되겠지만, 우리가 타인 하나하나를 지켜줄 필요는 없다. 우리가 지켜야 할 유일한 대상 하나는 바로 나 자신이다. 나를 지켜내야 남들도 지켜낼 기회를 가질 수 있다. 가장이거나 든든한 아들인 당신이, 자상한 엄마이자 예쁜 딸인 당신이 정작 우울함에 빠져 있다면 당신의 가족들을 지켜낸다는 것은 요원한 일일 것이다. 우선은 나부터 지켜내야 한다. 내가 나 자신을 지키는 데 룰이나 조건은 필요 없다. 나에게 가장 잘 맞는 것, 남들 눈치볼 필요가 없는 것, 나 자신만 납득해도 충분한 것이면 족하다. 그래서 합리화는 좋은 것이다. 공식도 없고 제한도 없다. 나만 잘 설득해 내면 된다.

이제 적용의 시간을 가져보자. 무엇보다 우선시되어야 할 것은 '어떻게 합리화를 하겠다'는 생각보다도 '평소 내가 얼마나 합리화를 하고 있나'를 성찰하는 작업이다. 나는 평소 어떤 합리화를 잘하는지, 내가 마련한 합리화에 다소 이질적인 면들은 없는지, 나는 스스로 내 합리화에 어떤 감정들을 느끼고 있는지 등에 대해서 생각해본다. 아직도 다소 어색하고 불편하게 느껴진다면 우선 이러한 합리화를 편하게 받아들이고, 당연한 것으로 생각하도록 노력해본다. 이는 나를 보호해주는 소중한 생각들이다. 자기변명이나 하찮은 거짓말이 아니다. 장점을 바라보고 자연스럽게 수용하면서 스스로 합리화에 대한 적개심을 없애도록 해야 한다.

이러한 작업이 어느 정도 마무리되면, 그다음에는 일상의 사소한 스트레스들부터 가볍게 합리화하는 작업을 해본다. 특정한 갈등 상황에서 나는 어떻게 스스로를 합리화해내었는지. 그런 생각이 자신에게 어떻게 도움이 되고 어떤 감정을 불러일으키는지 면밀히 평가해본다. 이전보다 덜 상처받거나 감정의 동요가 덜한가? 그렇다면 다음으로는 더 큰, 더 중한 삶의 갈등과 스트레스에 합리화를 적용시켜 본다. 문제가 클수록, 알맞은 결론과 생각을 도출해내기는 더욱 힘들 것이다. 그것은 당연하다. 복잡한 문제에는 더 복잡한 생각을 요구하기 마련이다. 고민해

보고 따져도 보면서 나에게 가장 잘 맞는, 나를 가장 편안하게 만들어주는 생각들을 마련해보도록 한다. 그것이 적절하고 그럴듯해 보인다면, 철썩 같이 믿고 그 생각들에 의심을 품지 않도록 한다. 우리는 모두 망상장애 환자가 되어야 한다. 그 생각들에 대해 망상과 같은 굳은 믿음을 가지며, 스스로를 의심하지 않도록 한다. 나를 지켜주는 생각과 믿음은 나에게 보약이자 좋은 영양제와 같다.

이안 감독의 명화 〈라이프 오브 파이〉 이야기로 마무리 지을까 한다. 영화 말미에 주인공 파이는 사람들에게 자신의 과거 이야기를 해준다. 배가 난파되어 가족을 잃은 후 벵골호랑이 리차드 파커와 함께 망망대해를 떠돌아다니다 구조된 자신의 이야기. 하지만 이 이야기는 어딘지 모르게 사람들에게 쉽게 받아들여지지 않는, 허황된 상황으로 들릴 뿐이다. 이후 파이는 하나의 이야기를 더 해주는데, 난파된 구조선에서 주방장과 엄마, 불교 신자들 사이에 벌어지는 살육과 관련된 이야기이다. 두 이야기 사이에서 혼란스러워 하는 사람들, 그 앞에서 파이는 이런 얘기를 한다.

"진실이 어떻든, 믿고 싶은 것이 진실이 된다."

그렇다. 우리에게 있어서 진실은, 우리가 믿고 싶어하는 것이다. 우리는 정녕 어떤 것들을 믿고 싶어할까. 우리를 포근히 감싸주고 보호해줄 수 있는 것들, 우리를 다치게 만들지 않는 것들, 우리를 안심시키는 것들을 믿고 싶어한다. 남들에게는 그것이 거짓일지라도, 나에게는 그것이 사실이고 내가 믿고 싶은 것들이다. 백과사전에 나오는 진실은 중요하지가 않다. 나에게 도움이 되고 나에게 필요한 상황이라면 우리는 1+1도 3이 될 수 있음을, 그것이 정녕 진실임을 의심치 않을 수 있다.

합리화를 믿기만 한다면, 세상 무엇보다 나를 강력하게 지켜주는 방패를 가지게 되는 것이다.

나를 위한 최소한의 권리
자기합리화의 힘

초판 1쇄 발행 2017년 5월 10일 초판 2쇄 발행 2017년 5월 22일

지은이 이승민 펴낸이 연준혁

출판 2본부 이사 이진영
출판 2분사 분사장 박경순
책임편집 박지혜
디자인 윤정아

펴낸곳 (주)위즈덤하우스 미디어그룹 출판등록 2000년 5월 23일 제13-1071호
주소 경기도 고양시 일산동구 정발산로 43-20 센트럴프라자 6층
전화 031)936-4000 팩스 031)903-3891 홈페이지 www.wisdomhouse.co.kr

값 13,000원 ⓒ이승민, 2017
ISBN 978-89-6086-360-6 03320

* 잘못된 책은 바꿔드립니다.
* 이 책의 전부 또는 일부 내용을 재사용하려면 반드시
  사전에 저작권자와 (주)위즈덤하우스 미디어그룹의 동의를 받아야 합니다.

자기합리화의 힘 : 나를 위한 최소한의 권리 / 지은이: 이승민.
-- 고양 : 위즈덤하우스, 2017
  p. ; cm

ISBN 978-89-6086-360-6 03320 : ₩13000

자기 계발[自己啓發]

325.211-KDC6
650.1-DDC23   CIP2017009904